MARCO POLO

POLNISCH

Sprachführer mit
Insider
Tipps

Sprechen und Verstehen – ganz einfach

HEL-95

INHALT

Aussprache

Zur Erleichterung der Aussprache sind alle polnischen Wörter und Wendungen zusätzlich mit einer einfachen Aussprache (in eckigen Klammern) versehen. Polnische Vokale werden in der Regel kurz und offen (flach, breit und im vorderen Teil des Mundes) ausgesprochen.

e	[ä]	wie in przepraszam [pschäprascham]
ą	[on]	nasal, wie „o" im Wort B**on**b**on**
ę	[än]	nasal, wie „in" im Wort Cous**in**

Beachten Sie:

- Die polnische Sprache beinhaltet viele aneinandergereihte Konsonantengruppen. Es passiert deshalb sehr oft, dass diese Konsonanten sich gegenseitig beeinflussen: manchmal verlieren oder gewinnen sie an Stimmhaftigkeit. Ein Beispiel: „babka" – *Großmutter*. Das zweite „b" wird hier durch den rückwirkenden Einfluss des stimmlosen Lautes „k" auch stimmlos. Die Aussprache sieht dann so aus: [bapka].
- Die Betonung liegt im Polnischen meist auf der vorletzten Silbe.

Das Alphabet

A	a	[a]	I	i	[i]	R	r	[är]
Ą	ą	[on]	J	j	[jott]	S	s	[äs]
B	b	[bä]	K	k	[ka]	Ś	ś	[äsch]
C	c	[zä]	L	l	[äl]	T	t	[tä]
Ć	ć	[tschä]	Ł	ł	[äu]	U	u	[u]
D	d	[dä]	M	m	[äm]	W	w	[wu]
E	e	[ä]	N	n	[än]	Y	y	[igräk, i]
Ę	ę	[än]		ń	[änj]	Z	z	[sät]
F	f	[äf]	O	o	[o]	Ź	ź	[siät]
G	g	[gä]	Ó	ó	[u]	Ż	ż	[schät]
H	h	[cha]	P	p	[pä]			

Abkürzungen

adj	Adjektiv	*jdn*	jemanden
adv	Adverb	*m*	männlich
f	weiblich	*pl*	Plural
fam	umgangssprachlich, familiär	*n*	sächlich

Auftakt
Wie man Freunde gewinnt

Polen ist für seine Gastfreundschaft bekannt. Zwar wird man heute nicht mehr unbedingt mit einem Laib Brot und Salz begrüßt (früher musste der Gast ein Stück Brot abbrechen, salzen und zusammen mit dem Hausherren essen), aber noch immer gilt: „Gośc w dom, Bóg w dom" (Gast im Hause, Gott im Hause). Die weltoffenen Polen genießen ein Plauderstündchen mit Fremden und laden neue Bekannte schnell zu sich ein. Und die Gäste müssen dann aufpassen, dass sie in fröhlicher Runde bei üppigem Essen und reichlich Wodka nicht über die Stränge schlagen.

Ja.	Tak. [tak]
Nein.	Nie. [njä]
Bitte.	Proszę. [proschän]
Danke!	Dziękuję. [dsiänkujän]
Wie bitte?	Słucham? [suucham]
Einverstanden!	Zgoda! [sgodda]
In Ordnung!	W porządku! [f-poschonntku]
Verzeihung!	Przepraszam! [pschäprascham]
Ich möchte…	Chciałbym/Chciałabym … [chtschaubim/chtschauabim]
Gibt es …?	Czy jest, są …? [tschi jäst, son]
Hilfe!	Ratunku! [ratunku]

Wer, wie, was?

Wer?	Kto? [kto]
Was?	Co? [zo]
Welcher/Welche/Welches?	Który/Która/Które? [kturi/ktura/kturä]
Wem?	Komu? [kommu]
Wen?	Kogo? [koggo]
Wie viel?	Ile? [ilä]
Wie?	Jak? [jak]
Warum?	Dlaczego? [dlatschägo]
Wo?	Gdzie? [gdsiä]
Wann?	Kiedy? [kädi]
Wie lange?	Jak długo? [jak duugo]
Wo ist …?	Gdzie jest …? [gdsiä jäst]
Wofür?	Za co? [sa zo]
Wohin?	Dokąd? [dockonnt]
Wie weit?	Jak daleko? [jak daläko]

Kennenlernen

„Hallo!" und „Tschüss!"

Man grüßt sich den ganzen Tag über, auch morgens, mit „Dzień dobry!" [dsiänj dobbri] („Guten Tag!"). Unter jungen Leuten ist „Cześć!" (eigentlich „Ehre" [tschäschtsch]) sowohl beim Kommen als auch beim Gehen üblich, und entspricht dem deutschen „Hallo!" und „Tschüss!" gleichermaßen.

GUTEN MORGEN/TAG!	DZIEŃ DOBRY! [dsiänj dobbri]
Guten Abend!	Dobry wieczór! [dobri wätschur]
Hallo!/Grüß dich!	Halo!/Witam! [chalo/witam]
Wie ist Ihr Name, bitte?	Przepraszam, jak się pan/pani nazywa? [pschäprascham, jak schän pan/panji nasiwa]
Wie heißt du?	Jak się nazywasz? [jak schän nasiwasch]

„Küss' die Hand, pani!"

Unter jungen Leuten ist er zwar nicht mehr üblich, aber „ältere" Herren (so ab 40 Jahren aufwärts) begrüßen eine Dame immer noch gerne mit einem huldvollen Handkuss.

MEIN NAME IST .../ ICH HEISSE ...	NAZYWAM SIĘ ... [nasiwam schän]
Freut mich, Sie kennen zu lernen.	Cieszę się, że mogę pana/panią poznać. [tschäschän schän, schä mogän pana/panjon possnatsch]
Darf ich bekannt machen?	Czy wolno mi przedstawić? [tschi wollno mi pschätstawitsch]
Das ist ...	To jest ... [to jäst]
Frau ...	pani ... [panji]
Fräulein ...	panna ... [panna]
Herr ...	pan ... [pan]
Wie geht es Ihnen?	Jak się panu/pani powodzi? [jak schän panu/panji powwoddsi]
Wie geht es dir?	Jak ci się powodzi? [jak tschi schän powwoddsi]
Danke.	Dziękuję. [dsiänkujän.]
Und Ihnen?	A panu/pani? [a panu/panji]
Und dir?	A tobie? [a tobbä]
Woher kommen Sie?	Skąd pan/pani jest? [skonnt pan/panji jäst]
Woher kommst du?	Skąd jesteś? [skonnt jästäsch]

Anrede

Im Polnischen gibt es kein Wort, das dem deutschen „Sie" entspricht. Stattdessen verwendet man „pan" [pan] („der Herr") bzw. „pani" [panji] („die Dame"). In der Mehrzahl heißt es, wieder geschlechtsspezifisch getrennt, „panowie" [panowwä] und „panie" [panjä]. Wenn Sie mit einem Ehepaar oder einer gemischten Gruppe von Männern und Frauen zu tun haben, wird „państwo" [panjstfo] verwendet. Die Anrede wird immer mit einem höflichen „bitte" „proszę" [proschän] verbunden: „proszę pana" [proschän pana] („bitte, mein Herr"). Diese Form der Anrede ist insbesondere auch bei Behördenkontakten unbedingt zu verwenden.

Ich bin aus ...	Jestem z... [jästäm s]
Wie alt sind Sie?	Ile pan/pani ma lat? [ilä pan/panji ma lat]
Wie alt bist du?	Ile masz lat? [ilä masch lat]
Ich bin 39.	Mam trzydzieści dziewięć lat. [mam tschidsiäschtschi dsiäwänjtsch lat]

JA, BITTE	**TAK, PROSZĘ** [tak, proschän]
Darf ich Sie um einen Gefallen bitten?	Czy mogę pana/panią poprosić o przysługę? [tschi moggän pana/panjon popproschitsch o pschisuugän]
Gestatten Sie?	Pozwoli pan/pani? [posswolli pan/panji]
Können Sie mir bitte helfen?	Czy może mi pan/pani pomóc? [tschi moschä mi pan/panji pommuz]

DANKE!	**DZIĘKUJĘ!** [dsiänkujän]
Vielen Dank!	Dziękuję bardzo. [dsiänkujän bardsio]
Danke, sehr gern!	Dziękuję, bardzo chętnie. [dsiänkujän, bardsio chäntnjä]
Nein, danke!	Nie, dziękuję. [njä, dsiänkujän]
Danke, gleichfalls!	Dziękuję, wzajemnie. [dsiänkujän, wsajämnjä]
Das ist nett, danke.	To jest miłe, dziękuję. [to jäst miuä, dsiänkujän]
Mit Vergnügen!	Z przyjemnością! [s pschijämnoschtschon]
Bitte sehr./Gern geschehen.	Proszę bardzo./Zzrobiłam to z przyjemnością. [proschän bardsio. srobbiuam to s pschijämnoschtschon]

Herr Professor – Frau Magister

Die Polen haben – wie die Österreicher – ein Faible für Titel und Berufsbezeichnungen akademischer Art. So wird ein Gymnasiallehrer manchmal schon mit „pan profesor" [pan proffässorr] *(„Herr Professor")* und Ihr pharmakologisches Gegenüber mit „pan/pani magister" [pan/panji magistär] *(„Herr/Frau Magister")* angesprochen. Wenn Sie beruflich mit Inhabern des Magistertitels zu tun haben, vergessen Sie in der Konversation oder im Schriftverkehr nie den akademischen Grad.

ENTSCHULDIGUNG!	PRZEPRASZAM! [pschäprascham]
Es tut mir Leid.	Przykro mi. [pschikro mi]
Schade!	Szkoda! [schkoda]

WIE BITTE?	SŁUCHAM? [suucham]
Ich verstehe Sie nicht.	Nie rozumiem pana/panią. [njä rossumjäm pana/panjon.]
Bitte, wiederholen Sie es.	Proszę powtórzyć. [proschän pofftuschitsch]
Bitte sprechen Sie etwas langsamer.	Proszę mówić trochę wolniej. [proschän muwitsch trochän wollnjäj]
Ich spreche nur wenig …	Mówię tylko trochę … [muwjän tilko trochän]
Schreiben Sie es mir bitte auf!	Proszę napisać mi! [proschän napissatsch mi]

VERABREDUNG/FLIRT	RANDKA/FLIRT [rantgka/flirt]
Haben Sie für morgen schon etwas vor?	Co robi pan/pani jutro? [zo robbi pan/panji jutro]
Hast du für morgen schon etwas vor?	Co robisz jutro? [zo robbisch jutro]
Wollen wir zusammen hingehen?	Czy moglibyśmy pójść tam razem? [tschi mogglibischmi pujschtsch tam rassäm]
Wann/Wo treffen wir uns?	Kiedy/gdzie spotkamy się? [kädi/gdsiä spottkami schän]
Ich liebe Dich	Kocham cię! [kocham tschän]
Hast du einen Freund/eine Freundin?	Czy masz przyjaciela/przyjaciółkę? [tschi masch pschijatschäla/pschijatschuwkän]

Mein Junge – Mein Mädchen

Insider Tipp

Den Begriff *„Freund/in"* gibt es im Polnischen nicht. Man sagt *„(mein) Junge"*, also „chłopak" [chuoppak] und entsprechend „dziewczyna" [dsiäftschina] für Mädchen. Für Männer wird häufig „facet" [fazät] („Kerl, Typ") verwendet. „Chodzić ze sobą" [chodsitsch sesobbon] bedeutet wie im Deutschen nicht nur „miteinander spazieren gehen", sondern „eine Beziehung haben".

Ich habe mich den ganzen Tag auf Sie gefreut.	Cały dzień cieszy-łem/łam się na spotkanie z panem/panią. [zaui dsiänj tschäschi-uäm/uam schän na spottkanjä s panäm/panjon]
Ich habe mich den ganzen Tag auf dich gefreut.	Cały dzień cieszy-łem/łam się na spotkanie z tobą. [zaui dsiänj tschäschi_uäm/uam schän na spotkanjä s tobbon]
Du hast wunderschöne Augen.	Ty masz prześliczne oczy. [ti masch pschäschlitschnä ottschi]
Ich habe mich in dich verliebt.	Zakocha-łem/łam się w tobie. [sakocha-uäm/-uam schän ftobbä]
Ich mich auch in dich.	Ja w tobie też. [ja ftobbä täsch]
Es tut mir Leid, aber ich bin nicht in dich verliebt.	Przykro mi, ale ja nie jestem w tobie zakoch-any/ana. [pschikro mi, alä ja njä jästäm ftobbä sakoch-ani/ana]
Gehen wir zu dir oder zu mir?	Czy pójdziemy do ciebie,czy do mnie? [tschi pujdsiämi do tschäbä, tschi do m-njä]
Ich möchte mit dir schlafen.	Chciał-bym/Chciał-abym się z tobą przespać. [chtschau-bim/chtschauabim schän stobbon pschäspatsch]
Ich habe keine Lust dazu.	Nie mam na to ochoty. [njä mam na to ochotti]

Cudownie! – Wunderbar!

Wenn Sie so auf die Frage nach Ihrem Wohlbefinden antworten, werden Sie Ihre Gastgeber glücklich machen. Es reicht aber auch, wenn Sie „wspaniale" [fspanjalä] („prächtig") oder „świetnie" [schwätnjä] („herrlich") sagen. Jugendliche werden mit „fajnie" [fajnjä] („prima, super") antworten. Generell gilt aber: in Polen geht man mit Superlativen und Lobeshymnen eher sparsam um.

Ich will nicht.	Ja nie chcę. [ja njä chzän]
Hör sofort auf.	Natychmiast przestań! [natichmast pschästanj]
Aber nur mit Kondom.	Ale tylko z kondomem! [alä tilko skonndommäm]
Hast du Kondome?	Czy masz kondomy? [tschi masch konndommi]
Darf ich Sie nach Hause bringen?	Czy mogę odprowadzić pana/panią do domu? [tschi moggän otprowwadsitsch pana/panjon do dommu]
Darf ich dich nach Hause bringen?	Czy mogę cię odprowadzić do domu? [tschi moggän tschän ottprowwadsitsch do dommu]
Bitte geh jetzt.	Proszę, idź teraz! [proschän, idsi täras]
Lassen Sie mich bitte in Ruhe!	Proszę zostawić mnie w spokoju! [proschän sosstawitsch mnjä fspockojju]
Hau ab!	Odwal się! [oddwal schän]

Jugendsprache und Trends

Insider Tipp

jest gid	[jäst git]	Alles o.k.
jest spoko	[jäst spoko]	in Ordnung
no to gitara	[no-to gitara]	einverstanden
odlot	[odlot]	super
starzy	[staschi]	Eltern
kasa	[kassa]	Geld

Das Polnische nimmt schnell Begriffe aus Fremdsprachen, v. a. Anglizismen, auf und flektiert sie wie polnische Wörter. Hier ein Beispiel aus dem Medienzeitalter. Das englische „net" für „Internet" wird wie ein polnisches Substantiv dekliniert: „pogrzebać w necie" [pogschäbatsch w nätschjä] „im Internet herumsurfen"

AUF WIEDERSEHEN!	DO WIDZENIA! [do widsiänja]
Bis bald!	Do rychłego zobaczenia! [do richuägo sobbatschänja]
Bis später!	Do zobaczenia wkrótce! [do sobbatschänja fkrutzä]
Bis morgen!	Do jutra! [do jutra]
Gute Nacht!	Dobranoc! [dobbranotts]
Tschüss!	Serwus! [särwus]

HERZLICHEN GLÜCKWUNSCH!	SERDECZNE GRATULACJE! [särdätschnä gratulazjä]
Alles Gute …	Wszystkiego dobrego … [fschistkägo dobbrägo …]
… zum Geburtstag!	… z okazji urodzin! [sockasji uroddsin]
… zum Namenstag!	… z okazji imienin! [sockasji imänjin]
Viel Erfolg!	Powodzenia! [powwoddsiänja]
Viel Glück!	Dużo szczęścia! [duscho schtschänschtscha]
Gute Besserung!	Życzę powrotu do zdrowia! [schitschän powrottu do sdrowwja]

Namenstage – Imieniny

Insider Tipp

So wie in Deutschland die Geburtstage gefeiert werden, beehrt und beschenkt man sich in Polen am Namenstag. Die wichtigsten Namen sind in Kalendern aufgeführt – achten Sie bei Leuten, die Ihnen lieb und wichtig sind, auf deren Namenstage. Das „*Geburtstagskind*" heißt „solenizant/solenizantka" [solIänjsant/solIänjsantka]. Zum Namenstag wird „*Alles Gute*" „wszystkiego dobrego" [fschistkägo dobbrägo] gewünscht. Erst danach folgen die spezifischen Glückwünsche. Schnittblumen sind ein obligatorisches Beiwerk der Gratulation.

GESTIK/MIMIK

So verstehen Sie die Gesten der Polen:

Ich glaube dir kein Wort!

Nichts kriegst du! (*stärker:* Du kannst mich mal!)

Du bist bekloppt!

Viel Glück!

Keine Ahnung!

Lass uns einen trinken gehen!

Eine Fahrkarte, bitte!

Denken Sie bitte daran, die Fahrkarten für den öffentlichen Nahverkehr vor dem Einsteigen am Kiosk zu kaufen. In den Bussen oder Straßenbahnen gibt es lediglich Automaten zur Entwertung der Karten. Für Überlandbusfahrten kauft man die Fahrscheine aber direkt beim Busfahrer.

Bitte, wo ist …?	Przepraszam, gdzie jest …? [pschäpraschäm, gdsiä jäst]
Welches ist der kürzeste Weg nach/zu …?	Jaka droga jest najkrótsza do …? [jaka drogga jäst najkrutscha do]
Wie weit ist es zum/zur …?	Jak daleko jest do …? [jak daläko jäst do]
Es ist weit.	To jest daleko. [to jäst daläko]
Es ist nicht weit.	To jest nie daleko. [to jäst njä daläko]
Gehen Sie …	Niech pan/pani idzie … [njäch pan/panji idsiä …]
geradeaus.	prosto. [prossto]
nach links.	na lewo. [na läwo]
nach rechts.	na prawo. [na prawo]
Überqueren Sie …	Niech pan/pani przejdzie … [njäch pan/panji pschäjdsiä]
die Brücke.	przez most. [pschäs mosst]
den Platz.	przez plac. [pschäs plaz]
die Straße.	na drugą stronę ulicy. [na drugon stronnän ulizi]
Sie können den Bus Nr. … nehmen.	Pan/pani może pojechać autobusem numer … [pan/panji moschä pojjächatsch autobbussäm numär]
Wo muss ich aussteigen/umsteigen?	Gdzie muszę wysiąść/przesiąść się? [gdsiä muschän wischonschtsch/pschäschonschtsch schän]
In welche Richtung muss ich fahren?	W którym kierunku muszę jechać? [f kturim kärunku muschän jächatsch]
Wie viele Haltestellen sind es?	Ile mamy przystanków? [ilä mami pschistankuf]

ZAHLEN, MASSE, GEWICHTE

0	zero [säro]
1	jeden [jädän]
2	dwa [dwa]
3	trzy [tschi]
4	cztery [tschtäri]
5	pięć [pänjtsch]
6	sześć [schäschtsch]
7	siedem [schädäm]
8	osiem [oschäm]
9	dziewięć [dsiäwänjtsch]
10	dziesięć [dsiäschänjtsch]
11	jedenaście [jädänaschtschä]
12	dwanaście [dwanaschtschä]
13	trzynaście [tschinaschtschä]
14	czternaście [tschtärnaschtschä]
15	piętnaście [pätnaschtschä]
16	szesnaście [schässnaschtschä]
17	siedemnaście [schädämnaschtschä]
18	osiemnaście [oschämnaschtschä]
19	dziewiętnaście [dsiäwätnaschtschä]
20	dwadzieścia [dwadsiäschtscha]
21	dwadzieścia jeden [dwadsiäschtscha jädän]
22	dwadzieścia dwa [dwadsiäschtscha dwa]
23	dwadzieścia trzy [dwadsiäschtscha tschi]
30	trzydzieści [tschidsiäschtschi]
40	czterdzieści [tschtärdsiäschtschi]
50	pięćdziesiąt [pänjdsiäschonnt]
60	sześćdziesiąt [schäschdsiäschonnt]
70	siedemdziesiąt [schädämdsiäschonnt]
80	osiemdziesiąt [oschämdsiäschonnt]
90	dziewięćdziesiąt [dsiäwänjdsiäschonnt]
100	sto [sto]
101	sto jeden [sto jädän]
200	dwieście [dwäschtschä]
300	trzysta [tschista]
1 000	tysiąc [tischonz]
2 000	dwa tysiące [dwa tischonnzä]
3 000	trzy tysiące [tschi tischonnzä]
10 000	dziesięć tysięcy [dsiäschänjtsch tischänzi]
100 000	sto tysięcy [sto tischänzi]
1 000 000	milion [miljonn]

1. . . . . pierwszy [pärfschi]
2. . . . . drugi [drugi]
3. . . . . trzeci [tschätschi]

1/2 . . . . jedna druga [jädna druga]
1/3 . . . . jedna trzecia [jädna tschätscha]
1/4 . . . . jedna czwarta [jädna tschwarta]

Meter . . . . metr [mätr]
Kilometer . . . . kilometr [kilommätr]
Quadratmeter . . . . metr kwadratowy [mätr kwadratowwi]

Liter . . . . litr [litr]

Gramm . . . . gram [gram]
Kilogramm . . . . kilogram [kiloggram]

2000 . . . . dwutysięczny [dwutischäntschni]
2001 . . . . dwutysięczny pierwszy [dwutischäntschni pärfschi]
2002 . . . . dwutysięczny drugi [dwutischäntschni drugi]

Zeit

UHRZEIT	CZAS [tschas]
Wie viel Uhr ist es?	**Która godzina?** [ktura goddsina]
Es ist (genau/ungefähr) …	Jest (dokładnie/około) … [jäst dockuadnjä/ockouo]
 3 Uhr.	trzecia. [tschätscha]
 5 nach 3.	pięć po trzeciej. [pänjtsch po tschätschäj]
 3 Uhr 10.	trzecia dziesięć. [tschätscha dsiäschänjtsch]
 Viertel nach 3.	kwadrans po trzeciej. [kwadrans po tschätschäj]
 halb 4.	wpół do czwartej. [fpuw do tschwartäj]
 Viertel vor 4.	za kwadrans czwarta. [sa kwadrans tschwarta]
 5 vor 4.	za pięć czwarta. [sa pänjtsch tschwarta]
 12 Uhr mittags/Mitternacht.	dwunasta w południe [dwunasta fpouudnjä]/północ. [puwnotts]
Um wie viel Uhr?/Wann?	**O której godzinie?/Kiedy?** [o kturäj goddsinjä/kädi]
Um 1 Uhr.	O pierwszej. [o pärfschäj]
Gegen 4 Uhr.	Koło czwartej. [kouo tschwartäj]
In einer Stunde.	Za godzinę. [sa goddsinän]
Nicht vor 9 Uhr morgens.	Nie przed dziewiątą rano. [nä pschät dsiäwonnton rano]
Nach 8 Uhr abends.	Po ósmej wieczorem. [po ussmäj wätschorräm]
Zwischen 3 und 4.	Między trzecią a czwartą. [mändsii tschätschon a tschwarton]

Wie lange?	**Jak długo?** [jak duugo]
Zwei Stunden (lang).	Dwie godziny. [dwä goddsini]
Von 10 bis 11.	Od dziesiątej do jedenastej. [odd dsiäschonntäj do jädänastäj]
Bis 5 Uhr.	Do piątej. [do ponntäj]

Wie lange sind fünf Minuten?

Polen nehmen es mit der Pünktlichkeit nicht so genau. Wenn Sie eingeladen sind, kommen Sie am besten zehn bis fünfzehn Minuten später, einheimische Gäste werden wahrscheinlich eine halbe Stunde später erscheinen. Auch wenn Sie nur auf einen Sprung hereingebeten werden mit „Wpadnijcie na pięć minut!" [fpadnitschjä na pänjtsch minut] („Fallt für fünf Minuten ein!") – nehmen Sie es nicht wörtlich, der Besuch kann drei Stunden dauern. Ebenso wenig sind Zettel an Ladentüren oder Büros buchstäblich zu verstehen: „Zaraz wracam" [saras wrazam] („Bin gleich zurück") kann durchaus eine Stunde und länger dauern.

Seit wann?	**Od kiedy?** [ott kädi]
Seit 8 Uhr morgens.	Od ósmej rano. [odd ussmäj rano]
Seit einer halben Stunde.	Od pół godziny. [ott puw goddsini]
Seit acht Tagen.	Od tygodnia. [ott tigoddnja]

SONSTIGE ZEITANGABEN	POZOSTAŁE OKREŚLENIA CZASU [possostauä ockräschlänja tschassu]
abends	wieczorem [wätschorräm]
alle halbe Stunde	co pół godziny [zo puw goddsini]
alle zwei Tage	co dwa dni [zo dwa dnji]
am Sonntag	w niedzielę [w njädsiälän]
am Wochenende	pod koniec tygodnia [pott konjäz tigoddnja]
bald	wkrótce [fkrutzä]
diese Woche	w tym tygodniu [ftim tigoddnju]
gestern	wczoraj [ftschorraj]
heute	dzisiaj [dsischaj]
in 14 Tagen	za dwa tygodnie [sa dwa tigoddnjä]
jeden Tag	każdego dnia [kaschdägo dnja]
jetzt	teraz [täras]
kürzlich	niedawno [njädawno]
manchmal	czasem [tschassäm]
mittags	w południe [fpouudnjä]
morgen	jutro [jutro]
morgens	rankiem [rankäm]

nachmittags	po południu [po pouudnju]
nächstes Jahr	w przyszłym roku [fpschischuim rocku]
nachts	nocą [nottson]
stündlich	co godzinę [zo goddsinän]
täglich	codziennie [zoddsiänjnjä]
übermorgen	pojutrze [pojjutschä]
von Zeit zu Zeit	od czasu do czasu [odd tschassu do tschassu]
vor zehn Minuten	przed dziesięcioma minutami [pschät dsiäschänjtschomma minutami]
vorgestern	przedwczoraj [pschätftschorraj]
vormittags	przed południem [pschät pouudnjäm]

DATUM — DATA [data]

Den Wievielten haben wir heute?	Którego mamy dzisiaj? [kturägo mami dsischaj]
Heute ist der 1. Mai.	Dzisiaj jest pierwszy maja. [dsischaj jäst pärfschi maja]

WOCHENTAGE — DNI TYGODNIA [dnj tigoddnja]

Montag	poniedziałek [ponjädsiauäk]
Dienstag	wtorek [ftorräk]
Mittwoch	środa [schrodda]
Donnerstag	czwartek [tschwartäk]
Freitag	piątek [ponntäk]
Samstag	sobota [sobbotta]
Sonntag	niedziela [njädsiäla]

MONATE — MIESIĄCE [mäschonzä]

Januar	styczeń [stitschänj]
Februar	luty [luti]
März	marzec [maschäz]
April	kwiecień [kwätschänj]
Mai	maj [maj]
Juni	czerwiec [tschärwäz] Julilipiec [lipäz]
August	sierpień [schärpänj]
September	wrzesień [wschäschänj]
Oktober	październik [pasidsiärnjik]
November	listopad [listoppat]
Dezember	grudzień [grudsiänj]

JAHRESZEITEN — PORY ROKU [porri rocku]

Frühling	wiosna [wossna]
Sommer	lato [lato]
Herbst	jesień [jäschänj]
Winter	zima [sima]

Die Blätter sind gefallen

Die polnischen Monatsnamen werden nicht – wie in vielen anderen Sprachen – vom Lateinischen abgeleitet. Beispielsweise ist der „Januar" in Polen der „styczeń" [stitschänj], der „Verbindende" zwischen dem alten und neuen Jahr. „Luty" [luti] heißt ursprünglich „streng" und bezeichnet den (kalten) Februar. Der November, „listopad" [listoppat], leitet sich ab von „liść opada" [lischtsch oppada] („die Blätter sind gefallen"), die Laubbäume stehen also ganz nackt da.

FEIERTAGE	DNI ŚWIĄTECZNE [dnj schwontetschnä]
Neujahr	Nowy Rok [nowwi rock]
Dreikönigstag	Trzech Króli [tschäch kruli]
Karneval	karnawał [karnawau]
Rosenmontag	poniedziałek zapustny [ponjädsiauäk sapustni]
Fastnachtsdienstag	wtorek zapustny [ftorräk sapustni]
Aschermittwoch	środa popielcowa [schrodda poppälzowwa]
Gründonnerstag	Wielki Czwartek [wälki tschwartäk]
Karfreitag	Wielki Piątek [wälki ponntäk]
Ostern	Wielkanoc [wälkanotts]
Ostermontag	poniedziałek wielkanocny [ponjädsiauäk wälkanottsni]
1. Mai	Pierwszy Maja [pärfschi maja]
Christi Himmelfahrt	Wniebowstąpienie Pańskie [wnjäboffstommpänjä panjskä]
Pfingsten	Zielone Świątki [siälonnä schfonntki]
Pfingstmontag	poniedziałek zielonoświątkowy [ponjädsiauäk siälonnoschfonntkowwi]
Fronleichnam	Boże Ciało [boschä tschauo]
Maria Himmelfahrt	Wniebowzięcie Najświętszej Marii Panny [wnjäbowwsiänjtschä najschfjäntschäj marji panni]
Allerheiligen	Wszystkich Świętych [fschistkich schfäntich]

Ein nasses Fest

Insider Tipp

Sollten sie die Ostertage in Polen verbringen, so bleiben Sie am Ostermontag lieber zu Hause. Da wird nämlich „Smigus-Dyngus", ein heidnisches Ritual, zelebriert. An allen Ecken lauern Jugendliche mit Wasserflaschen und -eimern ihren Opfern auf – bevorzugt werden natürlich junge Damen nass gespritzt.

Allerseelen .... Zaduszki [saduschki]
Nikolaus .... Mikołaj [mikouaj]
Heiliger Abend .... Wieczór wigilijny [wätschur wigilijni]
Weihnachten .... Boże Narodzenie [boschä naroddsiänjä]
1. Weihnachtsfeiertag ... pierwszy dzień świąt Bożego Narodzenia [pärfschi dsiänj schfonnt boschägo naroddsiänja]
2. Weihnachtsfeiertag ... drugi dzień świąt Bożego Narodzenia [drugi dsiänj schfonnt boschägo naroddsiänja]
Silvesterabend .... Wieczór sylwestrowy [wätschur silwästrowwi]

WETTER

Wie wird das Wetter heute?	Jaka będzie dzisiaj pogoda? [jaka bänjdsiä dsischaj poggodda]
Es bleibt schön/schlecht.	utrzyma się ładna/zła pogoda. [utschima schän uadna/sua poggodda]
Es wird wärmer/kälter.	będzie cieplej/zimniej. [bänjdsiä tschäpläj/simnjäj]
Es soll regnen/schneien.	Ma padać deszcz/śnieg. [ma padatsch däschtsch/schnjäg]

bewölkt .... pochmurnie [pochmurnjä]
Blitz .... błyskawica [buiskawiza]
Donner .... grzmot [gschmott]
Ebbe .... odpływ (morza) [oddpuif (moscha)]
Flut .... przypływ (morza) [pschipuif (moscha)]
Frost .... mróz [mrus]
Gewitter .... burza [buscha]
Glatteis .... gołoledź [gouollätsch]
heiß .... gorąco [gorronnzo]
Hitze .... upał [upau]
kalt .... zimno [simno]
Klima .... klimat [klimat]
Luft .... powietrze [powwätschä]
nass .... mokro [mockro]
Nebel .... mgła [mgua]
Regen .... mżawka [mschafka]
regnerisch .... deszczowy [däschtschowwi]
Schnee .... śnieg [schnjäg]
schwül .... parno [parno]
Sonne .... słońce [suonjzä]
sonnig .... słonecznie [suonnätschnjä]
Temperatur .... temperatura [tämpäratura]
trocken .... sucho [sucho]
Überschwemmung ..... powódź [powwutsch]
warm .... ciepło [tschäpuo]
wechselhaft .... zmiennie [smänjnjä]
Wind .... wiatr [watr]
Wolke .... chmura [chmura]

Auf der Reise

Wie weit ist es noch?

Polen sind rasante Autofahrer – trotz schlechter Straßenverhältnisse. Deswegen sollten Sie lieber defensiv fahren und sich an die vorgegebene Geschwindigkeit halten. Radarkontrollen werden häufig durchgeführt und die Strafen, die meist ein paar Meter weiter einkassiert werden, sind hoch. Die Beschilderung ist dürftig, oft sind die Schilder erst unmittelbar an der Abzweigung angebracht, die man nehmen muss, sodass man sie entweder übersieht oder nur noch knapp nach einer Vollbremsung abbiegen kann. In den Großstädten gibt es keine Umgehungsstraßen, Sie sollten also die Rush-hour meiden.

... Mit dem Auto/Motorrad/Fahrrad

ENTSCHULDIGUNG, WIE KOMME ICH NACH ...?	**PRZEPRASZAM, JAK DOSTANĘ SIĘ DO ...?** [pschäprascham, jak dosstanän schän do]
Wie weit ist das?	Jak to jest daleko? [jak to jäst daläko]
Bitte, ist das die Straße nach ...?	Przepraszam, czy to droga do ...? [pschäprascham, tschi to drogga do]
Wie komme ich zur Autobahn nach ...?	Jak dostanę się do autostrady w kierunku ...? [jak dosstanän schän do autosstradi fkärunku]
Immer geradeaus bis ...	Cały czas prosto, aż do ... [zaui tschas prossto, asch do]
Dann links/rechts abbiegen.	Potem skręcić na lewo/na prawo. [pottäm skränjtschitsch na läwo/na prawo]

VOLL TANKEN, BITTE	**PROSZĘ DO PEŁNA** [proschän do päuna]
Wo ist bitte die nächste Tankstelle?	Przepraszam, gdzie jest najbliższa stacja benzynowa? [pschäprascham, gdsiä jäst najblischscha stazja bänsinowwa]
Ich möchte ... Liter	Chciałbym/chciałabym ... litrów [chtschaubim/chtschauabim ... litruf]
Normalbenzin.	benzyny niskooktanowej. [bänsini njiskoocktanowwäj]
Super.	wysokooktanowej. [wisockoocktanowwäj]
Diesel.	ropy. [roppi]
bleifrei/verbleit.	bezołowiowej/ołowiowej. [bäsouowwjowwäj/ouowwjowwäj]
mit ... Oktan.	... oktanowej. [... ocktanowwäj]

Voll tanken bitte!

Tanken ist in Polen immer noch deutlich billiger als in Deutschland. Meist sind die Tanksäulen mit „95 Oktan" und „98 Oktan" bezeichnet – das entspricht Normal- und Superbenzin. „Pb" bezeichnet bleifreies Benzin („benzyna bezołowiowa") [bänzina bäsouowwjowwa], „ropa" heißt Diesel.
Kleiner Tipp: Halten Sie Kleingeld bereit – für die Toilettenbenutzung muss man grundsätzlich bezahlen.

PARKEN	PARKOWANIE [parkowwanjä]
Gibt es hier in der Nähe eine Parkmöglichkeit?	Czy jest tu w pobliżu możliwość zaparkowania? [tschi jäst tu fpobblischu moschliwoschtsch saparkowwanja]
Kann ich den Wagen hier abstellen?	Czy mogę tutaj zaparkować samochód? [tschi moggän tutaj saparkowwatsch samochut]

Wohin mit dem Auto?

Es ist auf alle Fälle zu empfehlen, Autos auf bewachten Parkplätzen abzustellen. Zwar haften die Parkplatzwächter nicht bei Autodiebstählen, aber diese kommen doch äußerst selten vor. Da es keine Parkuhren gibt, kassieren auf den Straßen größerer Städte so genannte „parkingowi" („Parkmänner") Gebühren ein, ohne dass dies mit einer Überwachung der Fahrzeuge verbunden ist.

ICH HABE EINE PANNE	MAM AWARIĘ OPONY [mam awarjän opponni]
Könnten Sie mir mit Benzin aushelfen?	Czy mógłby mnie pan/mogłaby mnie pani poratować benzyną? [tschi mugubi mnjä pan/mogguabi mnjä panji porratowwatsch bänsinon]
Könnten Sie mir beim Reifenwechsel helfen?	Czy mógłby mi pan/mogłaby mi pani pomóc przy zmianie koła? [tschi mugubi mi pan/mogguabi mi panji pommuz pschi smjanjä koua]
Würden Sie mich bis zur nächsten Werkstatt abschleppen?	Odholowałby mnie pan/odholowałaby mnie pani do najbliższego warsztatu? [ottchollowwaubi mnjä pan/ottchollowwauabi mnjä panji do najblischschägo warschtatu]

WO IST HIER IN DER NÄHE EINE WERKSTATT?	GDZIE JEST TU W POBLIŻU WARSZTAT NAPRAWCZY? [gdsiä jäst tu fpobblischu warschtat napraftschi]
Mein Wagen springt nicht an.	Mój samochód nie chce zapalić. [muj samochut njä chzä sapalitsch]
Die Batterie ist leer.	Akumulator wyczerpał się. [akkumulatorr witscherpau sän]
Mit dem Motor stimmt was nicht.	Z silnikiem jest coś nie w porządku. [sschilnjikäm jäst zosch njä fposchontku]
Die Bremsen funktionieren nicht.	Hamulce nie działają. [chamulzä njä dsiauajon]

Hilfe!

Wenn man Hilfe braucht, bekommt man sie überall. Die Versorgung mit Autowerkstätten „warsztat naprawczy" [warschtat napraftschi] ist landesweit gut und in größeren Städten findet man Vertragswerkstätten „warsztat autoryzowany" [warschtat autorisowani] aller großen Autohersteller. In Kleinstädten oder Dörfern gibt es kleine Betriebe, wo ein „majster klepka" [majstär kläpka], ein geschickter Bastler, fast jede Panne reparieren kann.

… ist defekt.	… jest zepsute. [jäst säpsutä]
Der Wagen verliert Öl.	Samochód traci olej. [samochut tratschi olläj]
Können Sie mal nachsehen?	Czy może pan/pani sprawdzić? [tschi moschä pan/panji sprawdsitsch]
Wechseln Sie bitte die Zündkerzen aus.	Proszę wymienić świece zapłonowe. [proschän wimänjitsch schwäzä sapuonnowwä]
Was wird es kosten?	Ile to będzie kosztować? [ilä to bänjdsiä koschtowwatsch]

ES IST EIN UNFALL PASSIERT	ZDARZYŁ SIĘ WYPADEK [sdaschiu schän wipadäk]
Rufen Sie bitte schnell …	Proszę wezwać szybko … [proschän wäswatsch schipko]
… einen Krankenwagen.	… karetkę pogotowia. [karätkän poggottowwa]
… die Polizei.	… policję. [pollizjän]
… die Feuerwehr.	… straż pożarną. [strasch poscharnon]
Haben Sie Verbandszeug?	Czy ma pan/pani bandaże? [tschi ma pan/panji bandaschä]
Es war meine Schuld.	To była moja wina. [to biua mojja wina]
Es war Ihre Schuld.	To była pana/pani wina. [to biua pana/panji wina]
Sollen wir die Polizei holen, oder können wir uns so einigen?	Wezwać policję, czy się ugodzimy? [wäswatsch pollizjän, tschi schän ugoddsimi]
Vielen Dank für Ihre Hilfe.	Bardzo dziękuję za pana/pani pomoc. [bardsio dsiänkujän sa pana/panji pommotts]

AUTO-/MOTORRAD-/ FAHRRAD-VERMIETUNG	WYPOŻYCZALNIA SAMOCHODÓW/ MOTOCYKLI/ROWERÓW [wipposchitschalnja samochchoduf/ mottozikli/rowweruf]
Ich möchte für zwei Tage/eine Woche … mieten.	Chciałbym/chciałabym wypożyczyć na dwa dni/tydzień … [chtschaubim/chtschauabim wiposchitschitsch na dwa dnji/tidsiänj]
einen (Gelände-)Wagen	samochód (terenowy). [samochut täränowwi]
ein Motorrad	motocykl. [mottottsikl]
ein Fahrrad	rower. [rowwär]
Wie viel verlangen Sie pro gefahrenen km?	Ile chce pan/pani za przejechany km? [ilä chzä pan/panji sa pschäjächani kilommätr]
Ist das Fahrzeug vollkaskoversichert?	Czy pojazd ma autokasko? [tschi pojjast ma autockasko]
Ist es möglich, das Fahrzeug in … abzugeben?	Czy można oddać pojazd w …? [tschi moschna odddatsch pojjast w]

Abblendlicht	światła mijania [schwjatua mijanja]
abschleppen	odholować [otchollowwatsch]
Abschleppseil	linka holownicza [linka chollownjtscha]
Abschleppwagen	samochód holujący [samochut hollujontzi]
Ampel	światła [schwjatua]
Anlasser	rozrusznik [rossruschnjik]
Autobahn	autostrada [autosstrada]
Baustelle	budowa [budowwa]
Benzin	benzyna [bänsina]
Benzinkanister	kanister na benzynę [kanjistär na bänsinän]
Bremsbelag	okładzina hamulca [ockuadsina chamulza]
Bußgeld	mandat [mandat]
Defekt	defekt [däfäkt]
Dichtung	uszczelka [uschtschälka]
Fahrrad	rower [rowwär]
Fahrspur	pasmo ruchu [passmo ruchu]
Fehlzündung	niewłaściwy zapłon [njäwuaschtschiwi sapuonn]

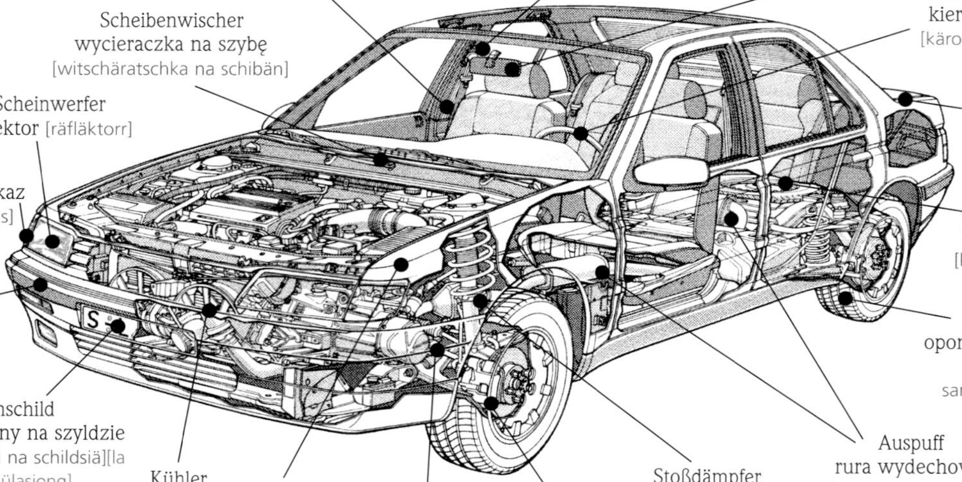
Sicherheitsgurt
pas bezpieczeństwa
[pas bäspätschänjstwa]
Windschutzscheibe
przednia szyba w aucie
[pschädnja schiba w autschä]
Rückspiegel
lusterko wsteczne
[lustärko fstätschnä]
Lenkrad
kierownica
[kärowwnjiza]
Scheibenwischer
wycieraczka na szybę
[witschäratschka na schibän]
Scheinwerfer
reflektor [räfläktorr]
Kofferraum
bagażnik samochodu
[bagaschnjik
samochoddu]
Blinker
kierunkowskaz
[kärunkoffskas]
Ersatzrad
koło zapasowe
[kouo sapassowä]
Stoßstange
zderzak
[sdäschak]
Autoreifen
opona samochodowa
[opponna
samochoddowwa]
Nummernschild
numer rejestracyjny na szyldzie
[numär räjästrazijni na schildsiä][la
plak dimatrikülasjong]
Auspuff
rura wydechowa
[rura widächowwa]
Kühler
chłodnica
[chuoddnjiza]
Kotflügel
błotnik
[buottnjik]
Achse
oś
[osch]
Bremse
hamulec
[chamuläz]
Stoßdämpfer
tłumik
[tuumik]

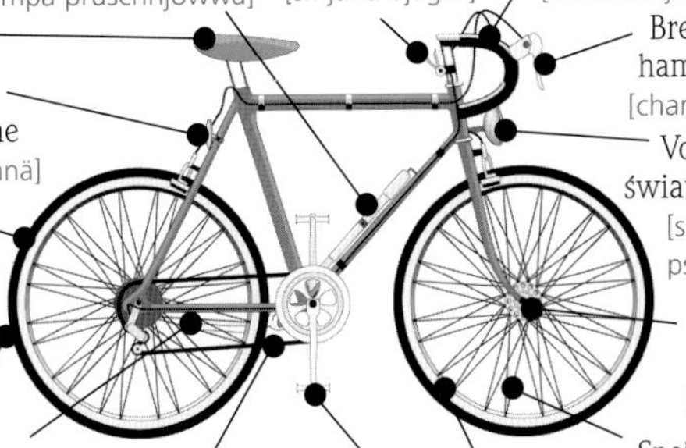

Felge	obręcz koła [obbräntsch koua]
Fernlicht	światła drogowe [schwjatua droggowwä]
Flickzeug	łatki do opon [uatki do opponn]
Führerschein	prawo jazdy [prawo jasdi]
Fußbremse	hamulec nożny [chamuläz noschni]
Gang	bieg [bjäg]
Gaspedal	pedał gazu [pädau gasu]
gebrochen	złamany [suamani]
Gepäckträger	bagażnik [bagaschnjik]
Getriebe	skrzynia biegów [skschinja bjäguf]
Handbremse	hamulec ręczny [chamuläz räntschni]
Heizung	ogrzewanie [oggschäwanjä]
Hupe	klakson [klaksonn]
Kabel	kabel [kabäl]
Karosserie	karoseria [karossärja]
Keilriemen	pasek klinowy [passäk klinowwi]
Klingel	dzwonek [dsiwonnäk]
Kühlwasser	płyn chłodniczy [puin chuoddnjitschi]
Kupplung	sprzęgło [spschänguo]
Kurve	zakręt [sakränt]
Kurzschluss	zwarcie [swartschä]
Landstraße	droga [drogga], szosa [schossa]
Lastwagen	samochód ciężarowy [samochut tschänscharowwi]
Lichtmaschine	alternator [altärnatorr]
Motor	silnik [schilnjik]
~rad	motocykl [mottottsikl]
~roller	skuter [skutär]
Notrufsäule	telefon pierwszej pomocy na autostradzie [täläfonn pärfschäj pommottsi na autosstradsiä]

Oktanzahl	liczba oktanowa [litschba ocktanowwa]
Öl	olej [olläj]
~wechsel	wymiana oleju [wimjana olläju]
Panne	awaria [awarja]
Pannendienst	pomoc drogowa [pommotts droggowwa]
Papiere	dokumenty [dockumänti]
Park|haus	parking [parking]
~platz	parking [parking]
Plattfuß	przebita opona [pschäbita opponna]
Promille	promile [prommilä]
PS	KM [kaäm]
Radarkontrolle	kontrola radarowa [konntrolla radarowwa]
Raststätte	zajazd [sajast]
Schalthebel	rączka do przełączania [rontschka do pschäuontschanja]
Schiebedach	dach odsuwany [dach ottsuwani]
Schraube	śruba [schruba]
Schraubenschlüssel	klucz maszynowy [klutsch maschinowwi]
Schutzblech	osłona [ossuonna]
Sicherung	bezpiecznik [bäspätschnjik]
Standlicht	światło postojowe [schwjatuo posstojjowwä]
Starthilfekabel	kabel pomocniczy do rozruchu [kabäl pommottsnjitschi do rossruchu]
Stau	korek [korräk]
Straße	ulica [uliza]
Straßenkarte	atlas samochodowy [atlas samochoddowwi]
Sturzhelm	hełm ochronny [chäum ochronni]
Tachometer	szybkościomierz [schipkoschtschommjäsch]
Tankstelle	stacja benzynowa [stazja bänsinowwa]
Tramper/in	autostopowicz [autosstoppowwitsch]
Umleitung	objazd [obbjast]
Ventil	zawór [sawur]
Vergaser	gaźnik [gasinjik]
Versicherungskarte, grüne	polisa ubezpieczeniowa, zielona [pollissa ubäspätschänjowwa, siälonna]
Vollkasko	autokasko [autockasko]
Wagen|heber	lewarek do samochodu [läwaräk do samochoddu]
~wäsche	mycie samochodu [mitschä samochoddu]
Warn|blinker	światła awaryjne [schwjatua awarijnä]
~dreieck	trójkąt ostrzegawczy [trujkonnt ostschägaftschi]
Wegweiser	przewodnik [pschäwoddnjik]
Werk|statt	warsztat naprawczy [warschtat napraftschi]
~zeug	narzędzia [naschänjdsia]
Zünd|kerze	świeca zapłonowa [schwjäza sapuonnowwa]
~schloss	stacyjka zapłonowa [stazijka sapuonnowwa]
~schlüssel	kluczyk zapłonowy [klutschik sapuonnowwi]
Zündung	zapłon [sapuonn]

... MIT DEM FLUGZEUG

ABFLUG	ODLOT [oddlott]
Wo ist der Schalter der ...-Fluggesellschaft?	Gdzie jest okienko towarzystwa lotniczego ...? [gdsiä jäst ockänko towwaschistwa lottnjitschägo]
Wann fliegt die nächste Maschine nach ...?	Kiedy leci następny samolot do ...? [kädi lätschi nastämpni samollott do]
Ich möchte einen einfachen Flug/Hin- und Rückflug nach ... buchen.	Chciałbym/chciałabym zarezerwować lot/lot powrotny do ... [chtschaubim/chtschauabim saräsärwowwatsch lott/lott powwrottni do]
Sind noch Plätze frei?	Czy są jeszcze wolne miejsca? [tschi son jäschtschä wollnä mäjsza]
Ich möchte diesen Flug stornieren.	Chciałbym/chciałabym anulować ten lot. [chtschaubim/chtschauabim anulowwatsch tän lott]
Kann ich das als Handgepäck mitnehmen?	Mogę to wziąć jako bagaż ręczny? [moggän to wsiontsch jako bagasch räntschni]
Hat die Maschine nach ... Verspätung?	Czy samolot do ... ma spóźnienie? [tschi samollott do ... ma spusinjänjä]

ANKUNFT	PRZYLOT [pschilott]
Mein Gepäck ist verloren gegangen.	Mój bagaż zgubił się. [muj bagasch sgubiu schän]
Mein Koffer ist beschädigt worden.	Moja walizka została uszkodzona. [mojja waliska sosstaua uschkoddsionna]

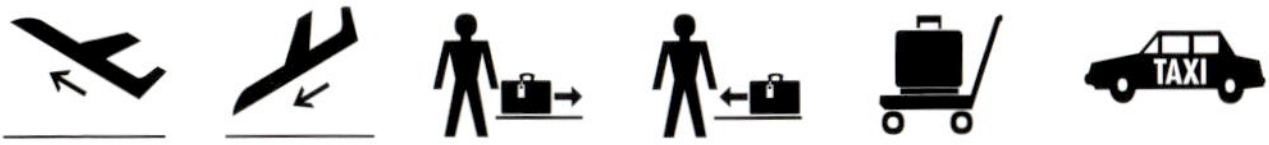

Ankunftszeit	czas przyjazdu/przylotu [tschas pschijasdu/pschilottu]
Anschluss	połączenie [pouonntschänjä]
anschnallen, sich	zapiąć pasy [sapjontsch passi]
Anschnallgurt	pas bezpieczeństwa [pas bäspätschänjstwa]
Besatzung	załoga [sauogga]
an Bord	na pokładzie [na pockuadsiä]
Bordkarte	karta pokładowa [karta pockuadowwa]
Buchung	rezerwacja [räsärwazja]
Charterflug	lot czarterowy [lott tschartärowwi]
Direktflug	lot bezpośredni [lott bäsposchrädnji]

einchecken .... odprawiać przed odlotem [ottprawjatsch pschäd oddlottäm]
Fenstersitz .... miejsce przy oknie [mjäjszä pschi ocknjä]
Flug .... lot [lott]
~gesellschaft .... towarzystwo lotnicze [towwaschistwo lottnjitschä]
~hafenbus .... autobus lotniskowy [autobbus lottnjiskowwi]
~hafengebühr .... opłata lotniskowa [oppuata lottnjiskowwa]
~plan .... rozkład lotów [rosskuat lottuf]
~schein .... bilet lotniczy [bilät lottnjitschi]
~steig .... wyjście do samolotu [wijschtschä do samollottu]
~strecke .... trasa lotu [trassa lottu]
~zeug .... samolot [samollott]
Gepäck .... bagaż [bagasch]
~abfertigung .... odprawa bagażu [ottprawa bagaschu]
~ausgabe .... wydawanie bagażu [widawanjä bagaschu]
Handgepäck .... bagaż ręczny [bagasch räntschni]
Hubschrauber .... helikopter [chälikopptär]
Kapitän .... kapitan [kapitan]
Landung .... lądowanie [londowwanjä]
Linienflug .... lot liniowy [lott linjowwi]
Nichtraucher .... dla niepalących [dla njäpalonzich]
Notlausgang .... wyjście zapasowe [wijschtschä sapassowwä]
~landung .... lądowanie awaryjne [londowwanjä awarijnä]
~rutsche .... trap awaryjny [trap awarijni]
Passagier .... pasażer [passaschär]
Pilot/in .... pilot [pilott]
planmäßiger Abflug ..... planowy odlot [planowwi oddlott]
Raucher .... dla palących [dla palonzich]
Rollfeld .... pas startowy [pas startowwi]
Schalter .... okienko [ockänko]
Schwimmweste .... kamizelka ratunkowa [kamisälka ratunkowwa]
Sicherheitskontrolle ..... kontrola bezpieczeństwa [konntrolla bäspätschänjstfa]
Steward/ess .... steward/esa [stjuart/stjuardässa]
stornieren .... anulować [anulowwatsch]
umbuchen .... zmienić rezerwację [smänjitsch räsärwazjän]
Verspätung .... opóźnienie [oppusinjänjä]
zollfreier Laden .... sklep wolnocłowy [skläp wollnottsuowwi]
Zwischenlandung ...... międzylądowanie [mändsiilondowwanjä]

... MIT DER EISENBAHN

Mit dem Zug durch Polen

Es dauert zwar länger als mit dem Auto und ist auch nicht immer besonders bequem, da v. a. die Nebenstrecken nicht dem westeuropäischen Standard entsprechen. Dafür sind die Fahrpreise sehr günstig. Ganz gut sind die Verbindungen zwischen den Großstädten und wenn man sich erste Klasse in einem Expresszug gönnt, kann man schnell und bequem reisen.

ABFAHRT	ODJAZD [oddjast]
Eine einfache Fahrt 2. Klasse/1. Klasse nach ..., bitte.	Proszę bilet drugiej klasy/pierwszej klasy do ... [proschän bilät drugäj klassi/pärfschäj klassi do]
Zweimal ... hin und zurück, bitte.	Proszę dwa razy powrotny do ... [proschän dwa rasi powwrottni do]
Gibt es eine Ermäßigung für Kinder/Studenten?	Czy jest też zniżka dla dzieci/studentów? [tschi jäst täsch snjischka dla dsiätschi/studäntuf]
Bitte eine Platzkarte für den Zug um ... Uhr nach ...	Proszę o miejscówkę na pociąg o godzinie ... do ... [proschän o mäjszufkän na pottschonnk o goddsinjä ... do]
Hat der Zug aus ... Verspätung?	Czy pociąg z ... ma spóźnienie? [tschi pottschonnk s ... ma spusinjänjä]
Der Zug Nr. ... aus ... hat 10 Minuten Verspätung.	Pociąg numer ... z ... ma dziesięć minut spóźnienia. [pottschonnk numär ... s ... ma dsiäschänjtsch minut spusinjänja]
Habe ich in ... Anschluss an die Fähre?	Czy mam w ... połączenie na prom? [tschi mam w ... pouontschänjä na promm]
(Wo) Muss ich umsteigen?	(Gdzie) Muszę się przesiadać? [(gdsiä) muschän schän pschäschadatsch]
Von welchem Gleis fährt der Zug nach ... ab?	Z którego toru odjeżdża pociąg do ...? [s kturägo torru oddjäschdscha pottschonnk do]
Wo kann ich mein Fahrrad aufgeben?	Gdzie mogę nadać mój rower? [gdsiä moggän nadatsch muj rowwär]

IM ZUG	W POCIĄGU [w potschtschongu]
Verzeihung, ist dieser Platz noch frei?	Przepraszam, czy to miejsce jest jeszcze wolne? [pschäprascham, tschi to mäjszä jäst jäschtschä wollnä]
Hält dieser Zug in ...?	Czy ten pociąg zatrzymuje się w ...? [tschi tän pottschonnk satschimujä schän w]

Abfahrt	odjazd [oddjast]
Abfahrtszeit	czas odjazdu [tschas oddjasdu]
Abteil	przedział [pschädschau]
ankommen	przyjechać [pschischächatsch], przybyć [pschibitsch]
Aufenthalt	pobyt [pobbit]
aussteigen	wysiadać [wischadatsch]
Autoreisezug	pociąg z wagonami na samochody [pottschonnk s wagonnami na samochoddi]
Bahnhof	dworzec [dwoschäz]
~hofsrestaurant	restauracja dworcowa [rästaurazja dworrzowwa]
besetzt	zajęte [sajäntä]
D-Zug	pociąg dalekobieżny [pottschonnk daläkobbäschni]
Eilzug	pociąg przyśpieszony [pottschonnk pschischpäschonni]
einsteigen	wsiadać [fschadatsch]
Eisenbahn	kolej (żelazna) [kolläj (schälasna)]
~fähre	prom kolejowy [promm kolläjowwi]
Ermäßigung	zniżka [snjischka]
Fahr|karte	bilet [bilät]
~kartenschalter	okienko z biletami [ockänko sbilätami]
~plan	rozkład jazdy [rosskuat jasdi]
~preis	cena biletu [zäna bilätu]
Fensterplatz	miejsce przy oknie [mäjszä pschi ocknjä]
frei	wolne [wollnä]
Gepäck	bagaż [bagasch]
~aufbewahrung	przechowalnia bagażu [pschächowwalnja bagaschu]
~schein	kwit bagażowy [kwit bagaschowwi]
Gleis	tor [torr]
Hauptbahnhof	dworzec główny [dwoschäz guuwni]
Kinderfahrkarte	bilet dla dziecka [bilät dla dsiäzka]
Nichtraucherabteil	przedział dla niepalących [pschädsiau dla njäpalonzich]

Notbremse	hamulec bezpieczeństwa [chamuläz bäspätschänjstwa]
Platzkarte	miejscówka [mäjszufka]
Raucherabteil	przedział dla palących [pschädsiau dla palonzich]
Reservierung	rezerwacja [räsärwazja]
Rückfahrkarte	bilet powrotny [bilät powwrottni]
Speisewagen	wagon restauracyjny [wagonn rästaurazijni]
Toilette	toaleta [toaläta]
Wartesaal	poczekalnia [pottschäkalnja]
Zuschlag	dopłata [doppuata]

... MIT DEM SCHIFF

IM HAFEN	W PORCIE [f porrtschä]
Wann fährt das nächste Schiff nach ... ab?	Kiedy odchodzi następny statek do ...? [kädi ottchoddsi nastänpni statäk do]
Wie lange dauert die Überfahrt?	Jak długo trwa przejazd? [jak duugo trwa pschäjast]
Ich möchte eine Schiffskarte nach ...	Poproszę bilet na statek do ... [popproschän bilät na statäk do]
Ich möchte eine Karte für die Rundfahrt um ... Uhr.	Poproszę bilet na wycieczkę o ... godzinie. [popproschän bilät na witschätschkän o ... goddsinjä]

AN BORD	NA POKŁADZIE [na pockuadsiä]
Wo ist der Speisesaal/ der Aufenthaltsraum?	Gdzie jest restauracja/świetlica? [gdsiä jäst rästaurazja/schwjätliza]
Geben Sie mir bitte ein Mittel gegen Seekrankheit.	Proszę mi dać środek przeciw chorobie morskiej. [proschän mi datsch schroddäk pschätschif chorrobbä morrskäj]

Anlegeplatz	przystań [pschistanj]
Buchung	rezerwacja [räsärwazja]
Dampfer	parowiec [parowwäz]
Deck	pokład [pockuat]

Fähre, Auto~ .... prom samochodowy [promm samochoddowwi]
Eisenbahn~ .... prom kolejowy [promm kolläjowwi]
Fahrkarte .... bilet [bilät]
Kabine .... kabina [kabina]
Kapitän .... kapitan [kapitan]
Küste .... wybrzeże [wibschäschä], brzeg [bschäk]
Motorboot .... motorówka [mottorrufka]
Passagier .... pasażer [passaschär]
Rettungs|boot .... łódka ratownicza [uutka ratowwnjitscha]
~ring .... koło ratunkowe [kouo ratunkowwä]
Ruderboot .... łódź [uutsch]
Schwimmweste .... kamizelka ratunkowa [kamisälka ratunkowwa]
Seegang .... fala [fala]
seekrank .... cierpiący na chorobę morską [tschärponzi na chorrobbän morrskon]
Steward .... steward [stjuart]

Essen & Trinken

Die Speisekarte, bitte

Die altpolnische Küche „kuchnia staropolska“ ist berühmt für ihre deftigen Gerichte mit viel Fleisch und dicken Saucen. Auch heute noch werden die Gäste von den Essensmengen regelrecht überwältigt. In guten Restaurants serviert man immer auch traditionelle Gerichte. Unbedingt probieren sollten Sie die pikanten Kutteln auf polnische Art „flaczki po polsku“ [flatschki po polsku] oder das berühmte „bigos“ (Eintopf mit Fleisch, Wurst und Sauerkraut), das umso besser schmeckt, je öfter man es aufwärmt. Empfehlenswert sind auch kleine Restaurants, die gute Hausmannskost „objady domowe“ anbieten.

Wir gehen essen

Wo gibt es hier …	Gdzie jest tu w pobliżu … [gdsiä jäst tu fpobblischu]
ein gutes Restaurant?	dobra restauracja? [dobbra rästaurazja]
ein typisches Restaurant?	typowa restauracja? [tipoua rästaurazja]
Reservieren Sie uns bitte für heute Abend einen Tisch für 4 Personen.	Proszę zarezerwować dla nas na dziś wieczór stolik na cztery osoby. [proschän saräsärwowwatsch dla nas na dsisch wjätschur stollik na tschtäri ossobbi]
Ist dieser Tisch noch frei?	Czy ten stolik jest jeszcze wolny ? [tschi tän stollik jäst jäschtschä wollni]
Ist dieser Platz noch frei?	Czy to miejsce jest jeszcze wolne? [tschi to mäjszä jäst jäschtschä wollnä]
Wo sind bitte die Toiletten?	Przepraszam, gdzie są toalety? [pschäprascham, gdsiä son toaläti]
Auf Ihr Wohl!	Pana/pani zdrowie! [pana/panji sdrowwjä]
Darf ich rauchen?	Czy mogę zapalić? [tschi moggän sapalitsch]

Wie die zwölf Apostel

Insider Tipp

Am Heiligen Abend setzt sich die ganze Familie zusammen an den mit einer weißen Decke gedeckten Tisch. Zuerst wird eine Oblate geteilt und man wünscht sich alles Gute. Dann werden die zwölf Fastenspeisen gereicht: Fischgerichte sind darunter – Karpfen ist obligatorisch –, ebenso Erbsen mit Sauerkraut, Kompott aus getrocknetem Obst und verschiedene Kuchensorten.

BESTELLUNG	ZAMÓWIENIE [samuwjänjä]
Herr Ober/Bedienung,	Proszę pana/pani, [proschän pana/panji]
die Speisekarte,	poproszę jadłospis [popproschän jaduosspis]

die Getränkekarte, bitte.	spis napojów [spis napojjuf]
die Weinkarte, bitte.	kartę z winami. [kartän swinami]
Was können Sie mir empfehlen?	Co może mi pan/pani polecić? [zo moschä mi pan/panji pollätschitsch]
Ich bin Vegetarier/in.	Jestem wegetarianin/wegetarianka [jästäm wägätarjanjin/wägätarjanka]
Haben Sie vegetarische Gerichte/Diätkost?	Czy ma pan/pani dania jarskie/dietetyczne? [tschi ma pan/panji danja jarskä/dätätitschnä]
Haben Sie schon gewählt?	Czy pan/pani już wybrał/a? [tschi pan/panji jusch wibrau/a]
Was nehmen Sie als Vorspeise/Hauptgericht/Nachtisch?	Co dla pana/pani na zakąskę/danie główne/deser? [zo dla pana/panji na sakonskän/danjä guuwnä/dässär]
Ich nehme ...	Wezmę ... [wäsmän]
Wir haben leider kein/e ... (mehr).	Niestety nie mamy już ... [njästäti njä mami jusch]
Was wollen Sie trinken?	Czego się pan/pani napije? [tschägo schän pan/panji napijä]
Bitte ein Glas ...	Poproszę szklankę ... [popproschän schklankän]
Bitte eine (halbe) Flasche ...	Poproszę butelkę (pół butelki) ... [popproschän butälkän (puw butälki)]
Bitte bringen Sie uns ...	Proszę przynieść nam ... [proschän pschinjäschtsch nam]

„Na zdrowie!" – „Zum Wohl!"

Zu einem üppigen Essen gehört unbedingt auch Wodka, für dessen Genuss es aber auch ohne eine Mahlzeit immer einen guten Grund gibt. Grundsätzlich prostet man sich mit einem der unzähligen saloppen Sprüche zu, wie beispielsweise „chluśniem, bo uśniem" [chluschnjäm, bo uschnjäm] („ich schlucke schnell, bevor ich einschlafe").

REKLAMATION	REKLAMACJE [räklamazjä]
Haben Sie mein/e ... vergessen?	Czy pan/pani zapomniał/a mój/moje ...? [tschi pan/panji sapommnjau/a muj/mojjä]
Das habe ich nicht bestellt.	Ja tego nie zamawiał-em/am. [ja tägo njä samawjau-äm/am]
Holen Sie bitte den Chef.	Proszę zawołać szefa. [proschän sawouatsch schäfa]

BEZAHLEN, BITTE	PŁACIĆ, PROSZĘ [puatschitsch, proschän]
Bitte alles zusammen.	Proszę wszystko razem. [proschän fschistko rasäm]
Getrennte Rechnungen, bitte.	Proszę oddzielne rachunki. [proschän odddsiälnä rachunki]
Hat es geschmeckt?	Smakowało? [smakowwauo]
Das Essen war ausgezeichnet.	Jedzenie było znakomite. [jädsiänjä biuo snakommitä]
Das ist für Sie.	To dla pana/pani. [to dla pana/panji]
Es stimmt so.	Zgadza się. [sgadsia schän]

Abendessen	kolacja [kollazja]
Aschenbecher	popielniczka [poppälnjitschka]
Besteck	sztućce [schtutschzä]
Bestellung	zamówienie [samuwjänjä]
Brot	chleb [chläp]
Diabetiker	diabety-k/czka [dabäti-k/tschka]
Essig	ocet [ottsät]
frisch	świeży [schwjäschi]
Frühstück	śniadanie [schnjadanjä] ⇒ S. 44f.
Gabel	widelec [widäläz]
Gang	danie [danjä]
gebacken	pieczony [pätschonni]
gebraten	smażony [smaschonni]
gedämpft	duszony [duschonni]
gedünstet	duszony [duschonni]
gefüllt	nadziewany [nadsiäwani]
gekocht	gotowany [gottowwani]
geräuchert	wędzony [wändsionni]
Gericht	danie [danjä], potrawa [pottrawa]
Getränk	napój [napuj] ⇒ S. 44, 50

Gewürz .... przyprawa [pschiprawa]
Glas .... szklanka [schklanka]
Gräte .... ość [oschtsch]
Hauptspeise .... danie główne [danjä guuwnä] ⇒ S. 46f.
hausgemacht .... wyrób własny [uirup uuassni]
heiß .... gorący [gorronzi]
kalt .... zimny [simni]
Karaffe .... karafka [karafka]
Kellner/in .... kelner/ka [kälnär/ka]
Kinderteller .... porcja dziecięca [porrzja dsiätschänza]
Knoblauch .... czosnek [tschossnäk]

Wie hätten Sie Ihr Fleisch gerne?

gut durch .... przesmaz˙ony [pschässmaschonni]
halb durch .... wewnątrz lekko róz˙owy [wäwnontsch läkko ruschowwi]
englisch .... po angielsku [po angälsku]

Koch/Köchin .... kucharz/kucharka [kuchasch/kucharka]
kochen .... gotować [gottowwatsch]
Löffel .... łyżka [uischka]
mager .... chudy [chudi]
Majonäse .... majonez [majonnäs]
Menü .... menu [mänji]
Messer .... nóż [nusch]
Mittagessen .... obiad [obbjat]
Nachtisch .... deser [dässär]
Ober .... proszę pana [proschän pana]
Öl .... olej [olläj]
Pfeffer .... pieprz [päpsch]
Portion .... porcja [porrzja]
Salat .... sałata [sauata]
Salz .... sól [sul]
sauer .... kwaśny [kwaschni]
scharf .... ostry [osstri]
Senf .... musztarda [muschtarda]
Serviette .... serwetka [särwätka]
Soße .... sos [soss]

Speisekarte	poproszę jadłospis [popproschän jaduosspis]
Spezialität	specjalność [späzjalnoschtsch]
Strohhalm	słomka [suommka]
Suppe	zupa [supa] ⇒ S. 46
süß	słodki [suottki]
Tages|gericht	potrawa dnia [pottrawa dnja]
~menü	menu dnia [mänju dnja]
Tasse	filiżanka [filischanka]
Teller	talerz [taläsch]
Trinkgeld	napiwek [napiwäk]
Vorspeise	zakąska [sakonska] ⇒ S. 45
Wasser	woda [wodda]

„Wässerchen"

Polen mögen Kosenamen und „Verkleinerungen": aus „Wasser" – „woda" wird „Wässerchen" – „Wódka" ...

würzen	przyprawić [pschiprawitsch]
zäh	żylasty [schilasti]
Zahnstocher	wykałaczka [wikauatschka]
Zitrone	cytryna [zitrina]
Zucker	cukier [zukär]

Bilder
zum Zeigen

Gemüse

Obst

Seafood

Bilder
zum Zeigen

Frühstück

Getränke

Spis potraw
Speisekarte

Śniadanie	Frühstück

Getränke: ⇒ S. 44, 50

jajko na miękko [jajko na mänkko]	weiches Ei
jajecznica [jajätschnjiza]	Rühreier
jajka ze słoniną [jajka sä suonjinon]	Eier mit Speck
chleb/bułki/grzanki [chläp/buwki/gschanki]	Brot/Brötchen/Toast
rogalik [roggalik]	Hörnchen
masło [massuo]	Butter
ser [sär]	Käse
wędlina [wändlina]	Wurst
szynka [schinka]	Schinken
miód [mjut]	Honig
marmolada [marmollada]	Marmelade
musli [mussli]	Müsli
jogurt [joggurt]	Joghurt
owoce [owwottsä]	Obst

Przekąski	Vorspeisen
befsztyk tatarski [bäfschtik tatarski]	Tatar
gotowana szynka [gottowwana schinka]	gekochter Schinken
jaja w majonezie [jaja w majonnäsiä]	Eier in Majonäse
kaczka w galarecie [katschka w galarätschä]	Ente in Aspik
śledź w oleju [schlätsch w olläju]	Hering in Öl
śledź w śmietanie [schlätsch fschmätanjä]	Hering in Sahne
węgorz wędzony [wängosch wändsionni]	Räucheraal
węgorz w galarecie [wängosch w galarätschä]	Aal in Gelee

Zupy	Suppen
barszcz z pasztecikiem [barschtsch s paschtätschikäm]	Rote-Bete-Suppe mit Pastete
krupnik [krupnjik]	Graupensuppe
ogórkowa z ryżem [oggurkowwa srischäm]	Gurkensuppe mit Reis
pieczarkowa [pätscharkowwa]	Champignonsuppe
pomidorowa z makaronem [pommidorrowwa smakaronnäm]	Tomatensuppe mit Nudeln
rosół z makaronem [rossuw smakaronnäm]	Fleischbrühe mit Nudeln
rybna [ribna]	Fischsuppe
żurek [schuräk]	Sauerteigsuppe

Ryby	Fischgerichte
filet z dorsza [filät sdorrscha]	Kabeljaufilet
filet z halibuta [filät s-chalibuta]	Heilbuttfilet
karp [karp]	Karpfen
łosoś z grila [uossosch sgrila]	Lachs vom Rost
pstrąg [pstrong]	Forelle
sandacz [sandatsch]	Zander
szczupak [schtschupak]	Hecht
śledź [schlätsch]	Hering
węgorz [wängosch]	Aal

Dania mięsne	Fleischgerichte
antrykot [antrikott]	Entrecote
baranina [baranjina]	Hammelfleisch
befsztyk z polędwicy [bäfschtik spolländwizi]	Rinderfilet
boef stroganow [bäf strogganoff]	Boef Stroganow
bryzol wieprzowy [brisoll wäpschowwi]	Schweineschnitzel
bryzol wołowy [brisoll wouowwi]	Rinderschnitzel
golonka [gollonnka]	Eisbein
gulasz [gulasch]	Gulasch
kotlet mielony [kottlät mälonni]	Frikadelle

kotlet schabowy [kottlät ßchabowwi]	Schweinskotelett
pieczeń cielęca [pätschänj tschälänza]	Kalbsbraten
pieczeń wieprzowa [pätschänj wäpschowwa]	Schweinebraten
pieczeń wołowa [pätschänj wouowwa]	Rinderbraten
szaszłyk [schaschuik]	Schaschlik
sznycel po wiedeńsku [schnitschäl po wädänjsku]	Wiener Schnitzel
wątróbka [wonntrupka]	Leber
zrazy [srasi]	Rinderrouladen

Dziczyzna i drób	**Wild und Geflügel**
dzik [dsik]	Wildschwein
dzika kaczka [dsika katschka]	Wildente
gęś [gänsch]	Gans
indyk [indik]	Pute
jeleń [jälänj]	Hirsch
kaczka [katschka]	Ente
królik [krulik]	Kaninchen
kurczak [kurtschak]	Hähnchen
sarna [sarna]	Reh
zając [sajonnz]	Hase

Dania z jaj	**Eierspeisen**
jajecznica na maśle [jajätschnjiza na maschlä]	Rührei auf Butter
jajecznica na szynce [jajätschnjiza na schinzä]	Rührei mit Schinken
jajko na miękko [jajko na mänko]	weich gekochtes Ei
jajko na twardo [jajko na tfardo]	hart gekochtes Ei
jajko sadzone [jajko sadsonnä]	Spiegelei
omlet [ommlät]	Omelette

Dodatki	Beilagen
fasolka szparagowa [fassollka schparagowwa]	Schnittbohnen
fasolka zielona [fassollka siälonna]	grüne Bohnen
frytki [fritki]	Pommes frites
kalafior [kalaforr]	Blumenkohl
mizeria [misärja]	Gurkensalat
pieczarki [pätscharki]	Champignons
surówka [surufka]	Rohkostsalat
~ z czerwonej kapusty [stschärwonnäj kapusti]	Rotkrautsalat
~ z czerwonych buraczków [stschärwonnich buratschkuf]	Rote-Bete-Salat
~ z kapusty kiszonej [skapusti kischonnäj]	Sauerkrautsalat
~ z marchwi [smarchfi]	Karottensalat
~ z pomidorów [spommidorruf]	Tomatensalat
szparagi [schparagi]	Spargel
szpinak [schpinak]	Spinat
zielona sałata [siälonna sauata]	grüner Salat
ziemniaki [siämnjaki]	Kartoffeln
~ purée [pirä]	Kartoffelpüree
~ smażone [smaschonnä]	Bratkartoffeln

Potrawy narodowe	Nationalgerichte
barszcz czerwony czysty [barschtsch tschärwonni tschisti]	Klare Rote-Bete-Suppe
bigos [bigoss]	Bigos (Sauerkraut mit Wurst und Fleisch, gedünstet)
flaczki wołowe [flatschki wouowwä]	Pansensuppe
gołąbki [gouommpki]	Kohlrouladen
grochówka [grochufka]	Erbsensuppe
kapuśniak [kapuschnjak]	Kohlsuppe
naleśniki [naläschnjiki]	Crêpes/Palatschinken
pierogi [päroggi]	Piroggen (gefüllte Teigtaschen)

Desery	Nachspeisen
bita śmietana [bita schmätana]	Schlagsahne
budyń [budinj]	Pudding
galaretka owocowa [galarätka owwottsowwa]	Obstgelee
gruszka [gruschka]	Birne
jabłko [japko]	Apfel
kisiel [kischäl]	geleeartige Obstnachspeise
krem czekoladowy [kräm tschäkolladowwi]	Schokoladencreme
lody [loddi]	Eis
pomarańcza [pommaranjtscha]	Orange
truskawki [truskafki]	Erdbeeren

Kawiarnia	Café

Getränke: ⇒ S. 44, 50

herbata [chärbata]	Tee
~ z cytryną [s zitrinon]	Tee mit Zitrone
~ z mlekiem [s mläkäm]	Tee mit Milch
herbata ziołowa [chärbata siouowwa]	Kräutertee
kawa czarna [kawa tscharna]	schwarzer Kaffee
kawa mrożona [kawa mroschonna]	Eiskaffee
kawa z mlekiem [kawa s mläkäm]	Kaffee mit Milch
kawa bezkofeinowa [kawa bäskoffäinowwa]	koffeinfreier Kaffee
czekolada [tschäkollada]	Schokolade

Lody	Eis
cytrynowe [zitrinowwä]	Zitroneneis
czekoladowe [tschäkolladowwä]	Schokoladeneis
malinowe [malinowwä]	Himbeereis
truskawkowe [truskafkowwä]	Erdbeereis
waniliowe [wanjilowwä]	Vanilleeis

Ciasto	Kuchen
drożdżówka [droschdschufka]	Hefekuchen
makowiec [makowwäz]	Mohnkuchen
pączki [ponntschki]	Berliner
tort [torrt]	Torte

Spis napojów
Getränkekarte

Napoje bezalkoholowe	Alkoholfreie Getränke
pepsi-cola [päpsi kolla]	Pepsi-cola
sok [sock]	Saft
~ jabłkowy [japkowwi]	Apfelsaft
~ pomarańczowy [pommaranjtschowwi]	Orangensaft
~ z czarnej porzeczki [s tscharnäj poschätschki]	Saft aus schwarzen Johannisbeeren
~ owocowy [owwottsowwi]	Fruchtsaft
tonic [tonjik]	Tonic
woda mineralna [wodda minäralna]	Mineralwasser

Tee oder Kaffee?

Die „kawiarnia" („Kaffeestube") ist ein beliebter Treffpunkt auch für junge Leute, denen die alkoholischen Getränke in den „bary" oder „puby" („Kneipen") oft zu teuer sind. Der kräftige Kaffee wird direkt im Glas aufgegossen, sodass man warten muss, bis sich der Kaffeesatz abgesetzt hat. Zu Hause trinken die Polen aber eher starken Tee als Kaffee.

Napoje alkoholowe	Alkoholische Getränke
koniak [konjjak]	Kognak
likier [likär]	Likör
piwo [piwo]	Bier
szampan [schampan]	Champagner/Sekt
winiak [winjak]	Weinbrand
wino [wino]	Wein
~ białe [bjauä]	Weißwein
~ czerwone [tschärwonnä]	Rotwein
~ słodkie [suottkä]	süßer Wein
~ wytrawne [witrawnä]	trockener Wein
wódka [wutka]	Wodka

Einkaufen

Nehmen Sie Kreditkarten?

Typische Tante-Emma-Läden gibt's nur noch auf dem Lande, ansonsten entstehen auch in Polen immer mehr riesige Einkaufszentren auf der grünen Wiese, die sogar sonntags – und das im erzkatholischen Polen! – geöffnet sind. Überhaupt gibt es keine festgesetzten Öffnungszeiten. In den Großstädten kann man meist bis 21 Uhr, in den Dörfern höchstens bis 18 Uhr einkaufen. Kreditkarten werden nur in teuren Boutiquen und Supermärkten akzeptiert. Achten Sie beim Kauf von Lebensmitteln immer auf das Haltbarkeitsdatum, denn Abgelaufenes wird oft nicht rechtzeitig aussortiert.

Öffnungszeiten

offen .... otwarty [ottfarti]
geschlossen .... zamknięty [samknjänti]
Betriebsferien ... zamknięte z powodu urlopu [samknjäntä spowwoddu urloppu]

Wo finde ich ...?	Gdzie dostanę ...? [gdsiä dosstanän]
Können Sie mir ein ... geschäft empfehlen?	Czy może mi pan/pani polecić jakiś sklep z ...? [tschi moschä mi pan/panji pollätschitsch jakisch skläp s]
Ich möchte ...	Chciałbym/chciałabym ... [chtschaubim/chtschauabim]
Haben Sie ...?	Czy ma pan/pani ... ? [tschi ma pan/panji]
Das gefällt mir.	Podoba mi się to. [poddobba mi schän to]
Ich nehme es.	Wezmę to. [wäsmän to]
Wie viel kostet es?	Ile to kosztuje? [ilä to koschtujä]
Nehmen Sie Kreditkarten?	Czy przyjmują państwo karty kredytowe? [tschi pschijmujon panjstfo karti kräditowwä]

Antiquariat .... antykwariat [antikfarjat]
Antiquitätengeschäft .... sklep z antykami [skläp santikami]
Apotheke .... apteka [aptäka] ⇒ S. 53ff., 65
Bäckerei .... piekarnia [päkarnja]
Blumengeschäft .... kwiaciarnia [kfjatscharnja]
Buchhandlung .... księgarnia [kschängarnja]
Drogerie .... drogeria [droggärja] ⇒ S. 55, 65
Elektrohandlung .... sklep z artykułami elektrycznymi [skläp sartikuwami äläktritschnimi] ⇒ S. 56, 66
Flohmarkt .... pchli targ [pchli tark]
Fotogeschäft .... sklep z artykułami fotograficznymi [skläp s artikuwami fottoggrafitschnimi] ⇒ S. 56, 66
Friseur .... fryzjer [frisjär] ⇒ S. 57
Gemüsehändler .... sklep warzywny [skläp waschiwni]
Haushaltswaren .... Artykuły gospodarstwa domowego [artikuwi gosspoddarstfa dommowwägo] ⇒ S. 58
Juwelier .... jubiler [jubilär] ⇒ S. 63
Kaufhaus .... dom towarowy [domm towwarowwi]
Konditorei .... cukiernia [zukärnja]
Lebensmittelgeschäft .... sklep z artykułami spożywczymi [skläp sartikuwami sposchiftschimi] ⇒ S. 58ff.

Von Basaren und Märkten

In vielen Städten werden am Wochenende „bazary" [basari] veranstaltet, wo man einfach alles findet: vom Meerschweinchen bis zum Pürierstab, von Turnschuhen bis zur Sonnenbrille, vom PC bis zur Siamkatze. Handeln ist hier oberstes Gebot!
Gemüse, Obst und Milchprodukte frisch von den Bauern der Umgebung hingegen findet man auf den meist dienstags und freitags stattfindenden Wochenmärkten „targ" oder „rynek" [rinäk]. Die Lebensmittel sind hier frischer und oft auch billiger als in den Läden.

Markt	rynek [rinäk]
Metzgerei	sklep mięsny [skläp mänsni]
Optiker	optyk [opptik] ⇒ S. 62
Parfümerie	perfumeria [pärfumärja]
Reisebüro	biuro podróży [bjuro poddruschi]
Schuhgeschäft	sklep z obuwiem [skläp sobbuwäm] ⇒ S. 62
Spielwarengeschäft	sklep z zabawkami [skläp ssabafkami]
Spirituosengeschäft	sklep monopolowy [skläp monnoppollowwi]
Tabakladen	kiosk z papierosami [kjossk spapärossami] ⇒ S. 64
Weinhandlung	sklep z winem [skläp swinäm]
Zeitungskiosk	kiosk z gazetami [kjossk sgasätami]

Im Kiosk ...

Kann man einfach alles kriegen. Kioske haben eine lange Tradition und sind an fast allen Ecken zu finden. Man bekommt Fahrkarten für Bus oder Straßenbahn, Zeitungen und Zigaretten, Briefmarken, Telefonkarten, Strumpfhosen, Waschmittel, Getränke, Naschereien und ... und ...

APOTHEKE	APTEKA [aptäka]
Wo ist die nächste Apotheke (mit Nachtdienst)?	Gdzie jest najblisza apteka (któżra ma dyżur nocny)? [gdsiä jäst najblischscha aptäka (ktura ma dischur nottsni)]
Geben Sie mir bitte etwas gegen ...	Proszę mi dać coś na ... [proschän mi datsch zosch na]

Man nehme ...

innerlich . . . . wewnętrzny [wäwnäntschni], do użytku wewnętrznego [do uschitku wäwnäntschnägo]
äußerlich . . . . zewnętrzny [säwnäntschni], do użytku zewnętrznego [do wschitku säwnäntschnägo]
vor dem Essen . . . . przed jedzeniem [pschät jädsiänjäm]
nach dem Essen . . . po jedzeniu [po jädsiänju]

Antibabypille . . . . pastylki *pl* antykoncepcyjne [pastilki antikonnzäpzijnä]
Antibiotikum . . . . antybiotyk [antibjottik]
Aspirin . . . . aspiryna [aspirina]
Augentropfen . . . . krople *pl* do oczu [kropplä do ottschu]
Beruhigungsmittel . . . . . . środek uspakajający [schroddäk uspakajajonnzi]
Brandsalbe . . . . maść *f* na oparzenia [maschtsch na oppaschänja]
Fieberthermometer . . . . . termometr [tärmommätr]
Gurgelwasser . . . . płyn do płukania gardła [puin do puukanja gardua]
Halstabletten . . . . tabletki na gardło [tablätki na garduo]
Hustensaft . . . . syrop na kaszel [siropp na kaschäl]
Insektenmittel . . . . środek przeciw insektom [schroddäk pschätschif insäktomm]
Insulin . . . . insulina [insulina]
Kondom . . . . kondom [konndomm]
Kopfschmerztabletten . . . tabletki od bólu głowy [tablätki ott bulu guowwi]
Kreislaufmittel . . . . środek na krążenie [schroddäk na kronschänjä]
Magenmittel . . . . środek na żołądek [schroddäk na schouonndäk]
Medikament . . . . lekarstwo [läkarstfo]
Mittel . . . . środek [schroddäk]
Mullbinde . . . . gaza [gasa]
Nebenwirkungen . . . . . . działanie uboczne [dsiauanjä ubottschnä]
Ohrentropfen . . . . krople *pl* do uszu [kropplä do uschu]
Pflaster . . . . plaster [plastär]
Rezept . . . . recepta [räzäpta]
Salbe . . . . maść *f* [maschtsch]
Schlaftabletten . . . . tabletki nasenne [tablätki nassännä]
Schmerztabletten . . . . . . tabletki przeciwbólowe [tablätki pschätschiwbulowwä]
Sonnenbrand . . . . oparzenie słoneczne [oppaschänjä suonnätschnä]
Tablette . . . . tabletka [tablätka], pigułka [piguwka]

Traubenzucker	cukier gronowy [zukär gronnowwi]
Zäpfchen	czopki *pl* [tschoppki]

DROGERIE — DROGERIA [droggärja]

Bürste	szczotka [schtschottka]
Creme	krem [kräm]
Damenbinden	podpaski higieniczne [pottpaski chigänjitschnä]
Deo(dorant)	dezodorant [däsoddorrant]
Haar|bürste	szczotka do włosów [schtschottka do wuossuf]
~waschmittel	szampon do włosów [schamponn do wuossuf]
Kamm	grzebień [gschäbänj]
Lichtschutzfaktor	współczynnik ochrony przed promieniami słonecznymi [fspuwtschinjnjik ochronni pschät prommänjami suonnätschnimi]
Lidschatten	cienie *pl* do powiek [tschänjä do powwäk]
Lippenstift	szminka [schminka], kredka do warg [krätka do warg]
Papiertaschentücher	chusteczki jednorazowe [chustätschki jädnorrasowwä]
Parfüm	perfumy *pl* [pärfumi]
Pflaster	plaster [plastär]
Pinzette	pincetka [pinzätka]
Präservativ	prezerwatywa [präsärwatiwa]
Puder	puder [pudär]
Rasier|apparat	aparat do golenia [aparat do gollänja]
~klinge	ostrze do golenia [osstschä do gollänja]
~pinsel	pędzel do golenia [pändsiäl do gollänja]
~seife	mydło do golenia [miduo do gollänja]
~wasser	woda po goleniu [wodda po gollänju]
Saugflasche	butelka ze smoczkiem [butälka sä smottschkäm]
Schnuller	smoczek [smottschäk]
Seife	mydło [miduo]
Sonnencreme	krem przeciwsłoneczny [kräm pschätschifsuonnätschni]
Spiegel	lustro [lustro], lusterko [lustärko]
Tampons	tampony [tamponni]
Toilettenpapier	papier toaletowy [papär toalätowwi]
Waschlappen	myjka [mijka]
Wimperntusche	tusz do rzęs [tusch do schäns]
Windeln	pieluchy [päluchi]
Zahn|bürste	szczoteczka do zębów [schtschottätschka do sämbuf]
~pasta	pasta do zębów [pasta do sämbuf]

ELEKTROHANDLUNG — SKLEP Z ARTYKUŁAMI ELEKTRYCZNYMI [skläp sartikuwami äläktritschnimi]

Adapter	adapter [adaptär]
Batterie	bateria [batärja]
CD/Compactdisc	CD/płyta kompaktowa [zädä/puita kommpaktowwa]
Föhn	suszarka do włosów [suscharka do wuossuf]
Kassette	kaseta [kassäta]
Kopfhörer	słuchawka [suuchafka]
Schallplatte	płyta gramofonowa [puita gramoffonnowwa]
Stecker	wtyczka [ftitschka]
Taschenlampe	latarka kieszonkowa [latarka käschonnkowwa]
Video|film	film video [film widäo]
~kamera	wideokamera [widäockamära] kamera video [kamära widäo]
~kassette	wideokaseta [widäockassäta] kaseta video [kassäta widäo]
~rekorder	magnetowid [magnätowwit]
Walkman®	walkman [uockmän]

FOTOARTIKEL — ARTYKUŁY FOTOGRAFICZNE [artikuwi fottoggrafitschnä]

Ich möchte ...	Proszę ... [proschän]
einen Film für diesen Fotoapparat.	film do tego aparatu. [film do tägo aparatu]
Könnten Sie mir bitte den Film einlegen?	Czy mógłby pan/*f* mogłaby pani założyć mi ten film? [tschi mugubi pan/mogguabi panji sauoschitsch mi tän film]
Das ist kaputt. Können Sie es bitte reparieren?	To jest zepsute. Czy może pan/pani to zreperować/naprawić? [to jäst säpsutä. tschi moschä pan/panji to sräpärowwatsch/naprawitsch]

Auslöser	wyzwalacz [wiswalatsch]
Blitzgerät, Blitzwürfel	lampa błyskowa [lampa buiskowwa]
Farbfilm	kolorowy film [kollorrowwi film]
Filmempfindlichkeit	czułość *f* filmu [tschuwoschtsch filmu]
Linse	soczewka [sottschäfka]
Objektiv	objektyw [obbjäktif]
Schwarzweiß-Film	film czarnobiały [film tscharnobbjaui]
Teleobjektiv	teleobjektyw [täläobbjäktif]

FRISEUR	FRYZJER [frisjär]
Kann ich mich für morgen anmelden?	Czy mogę się zapisać na jutro? [tschi moggän schän sapissatsch na jutro]
Waschen und föhnen, bitte.	Mycie i ułożenie, proszę. [mitschä i uwoschänjä, proschän]
Schneiden mit/ohne Waschen, bitte.	Strzyżenie z myciem/bez mycia, proszę. [st-schischänjä smitschäm/bäs mitscha, proschän]
Ich möchte ...	Proszę ... [proschän]
eine Dauerwelle.	trwałą ondulację. [trfauon onndulazjän]
mir die Haare färben/tönen lassen.	mi ufarbować/pocieniować włosy. [mi ufarbowwatsch/pottschänjowwatsch wuossi]
Etwas kürzer, ...	Trochę krócej, ... [trochän kruzäj,]
Nicht zu kurz, ...	Nie za krótko, ... [njä sa krutko,]
Ganz kurz, ...	Zupełnie krótko, ... [supäunjä krutko,]
bitte.	proszę. [proschän]
Rasieren, bitte.	Golenie, proszę. [gollänjä, proschän]
Stutzen Sie mir bitte den Bart.	Proszę mi podciąć brodę. [proschän mi pottschontsch broddän]
Vielen Dank. So ist es gut.	Dziękuję bardzo. Tak jest dobrze. [dsiänkujän bardsio. tak jäst dobbschä]

Bart .... broda [brodda]
blond .... blond [blonnt]
Dauerwelle .... trwała ondulacja [trfaua onndulazja]
färben .... farbować [farbowwatsch]
föhnen .... układać suszarką [ukuadatsch suscharkon]
frisieren .... fryzować [frisowwatsch]
Frisur .... fryzura [frisura]
Haar .... włosy *pl* [wuossi]
~schnitt .... obcinanie/strzyżenie włosów [opptschinanjä/stschischänjä wuossuf]
~teil .... wczeszka [ftschäschka]
kämmen .... czesać [tschässatsch]
legen .... układać [ukuadatsch]
Locken .... loki [locki]
~wickler .... lokówka [lockufka]
Perücke .... peruka [päruka]
Pony .... grzywka [gschifka]
Scheitel .... przedziałek [pschädsiauäk]
Schnurrbart .... wąsy *pl* [wonsi]
Schuppen .... łupież [uupäsch]
Shampoo .... szampon [schamponn]
tönen .... cieniować [tschänjowwatsch]

HAUSHALTSWAREN	ARTYKUŁY GOSPODARSTWA DOMOWEGO [artikuwi gosspoddarstfa dommowwägo]
Abfallbeutel	torebka na śmieci [torräpka na schmätschi]
Brennspiritus	spirytus do maszynki spirytusowej [spiritus do maschinki spiritussowwäj]
Dosenöffner	otwieracz do puszek [otfäratsch do puschäk]
Essbesteck	sztućce [schtutschzä]
Flaschenöffner	otwieracz do butelek [otfäratsch do butäläk]
Grill	rożen [roschän]
~kohle	węgiel drzewny [wängäl dschäwni]
Kerzen	świece [schfjäzä]
Korkenzieher	korkociąg [korrkottschonk]
Papierservietten	serwetki papierowe [särwätki papärowwä]
Petroleum	nafta [nafta]
Sonnenschirm	parasol (od słońca) [parassoll (ott suonjza)]
Taschenmesser	scyzoryk [szisorrik]

LEBENSMITTEL	ARTYKUŁŻY SPOŻYWCZE [artikuwi sposchiwtschä]

Liebster/Liebste – „Kochanie"

Insider Tipp

Wenn Sie im Laden oder sogar auf dem Postamt in Polen auf diese Art angesprochen werden, denken Sie bitte nicht sofort daran, dass jemand Ihnen unanständige Angebote machen will. Es ist eine verbreitete und nette Redewendung, die besonders oft von Verkäuferinnen benutzt wird, um Sie von der Qualität der angebotenen Ware zu überzeugen. Auch unter Bekannten, im Büro (besonders unter Frauen) wird dieses Wörtchen immer wieder gebraucht.

Was darf es sein?	Czym mogę służyć? [tschim moggän suuschitsch]
Geben Sie mir bitte …	Proszę … [proschän]
ein Kilo …	kilogram … [kiloggram]
ein Stück von …	kawałek … [kawauäk]
eine Packung …	paczkę … [patschkän]
ein Glas …	słoik … [suoik]
eine Dose …	puszkę … [puschkän]

eine Flasche …	butelkę … [butälkän]
eine Einkaufstüte.	torebkę plastykową [torräpkän plastikowwon] *fam* reklamówkę [räklamufkän]
Darf es sonst noch etwas sein?	Czy coś jeszcze? [tschi zosch jäschtschä]
Danke, das ist alles.	Dziękuję, to wszystko. [dsiänkujän, to fschistko]

Eine ausführliche Übersicht von Lebensmitteln und Gerichten finden Sie im Kapitel ESSEN & TRINKEN auf Seite 45ff.

Aufschnitt	pokrojona wędlina różnego rodzaju [pockrojjonna wändlina ruschnägo roddsiaju]
Babynahrung	jedzenie dla niemowląt [jädsiänjä dla njämowwlonnt]
Bier	piwo [piwo]
alkoholfreies ~	piwo bezalkoholowe [piwo bässalkochollowwä]
Brot	chleb [chläp]
Brötchen	bułki *pl* [buwki] ⇒ S. 45
Butter	masło [massuo]
Eier	jajka [jajka]
Eis	lody *pl* [loddi] ⇒ S. 49
Fisch	ryba [riba] ⇒ S. 46
Fleisch	mięso [mänso] ⇒ S. 46f.
frisch	świeży [schfäschi]
Gebäck	pieczywo [pätschiwo] ⇒ S. 49
Geflügel	drób [drup] ⇒ S. 47
Gemüse	jarzyny *pl* [jaschini] ⇒ S. 41, 48
Hackfleisch	mięso mielone [mänso mälonnä]
Joghurt	jogurt [joggurt]
Kaffee	kawa [kawa] ⇒ S. 50
Käse	ser [sär]
Knoblauch	czosnek [tschossnäk]
Konserven	konserwy [konnsärwi]
Kuchen	ciasto [tschasto] ⇒ S. 49
Limonade	lemoniada [lämonjada]

Nächtliche Gelüste

Insider Tipp

Und der Kühlschrank ist leer? Kein Problem! Bestellen Sie einfach bei einer Taxizentrale die gewünschten Produkte und ein Taxifahrer besorgt sie Ihnen aus einem der 24-Stunden-geöffneten Geschäfte. Man zahlt lediglich den normalen Fahrpreis und den Einkauf! Trinkgeld wird natürlich gerne angenommen.

Marmelade	marmolada [marmollada], dżem [dschäm] ⇒ S. 45
Mehl	mąka [monka]
Milch	mleko [mläko]
Mineralwasser	woda mineralna [wodda minäralna]
Nudeln	makaron [makaronn]
Nüsse	orzechy [oschächi]
Obst	owoce *pl* [owwottsä] ⇒ S. 42, 49
Öl	olej [olläj]
Sahne	śmietana [schmätana]
Salat	sałatka [sauatka]
Salz	sól [sul]
Schokolade	czekolada [tschäkollada]
Senf	musztarda [muschtarda]
Suppe	zupa [supa] ⇒ S. 46
Süßigkeiten	słodycze [suodditschä]
Tee	herbata [chärbata] ⇒ S. 50
Toast	toast [toast], tost [tosst], grzanka [gschanka]
Wein	wino [wino] ⇒ S. 50

MODE — MODA [modda]

Können Sie mir … zeigen?	Czy może mi pan/pani pokazać …? [tschi moschä mi pan/panji pockasatsch]
Kann ich es anprobieren?	Czy mogę to przymierzyć? [tschi moggän to pschimäschitsch]
Welche (Konfektions-) Größe haben Sie?	Jaki rozmiar pan/pani nosi? [jaki rossmjar pan/panji noschi]
Das ist mir zu …	To jest dla mnie za … [to jäst dla mnjä sa]
eng/weit.	ciasne/szerokie. [tschassnä/schärockä]
kurz/lang.	krótkie/długie. [krutkä/duugä]
klein/groß.	małe/duże. [mauä/duschä]
Das passt gut. Ich nehme es.	To pasuje. Wezmę to. [to passujä. wäsmän to]

Anorak	wiatrówka [watrufka]
Anzug	garnitur [garnjitur]
Badelanzug	kostium kąpielowy [kosstjum kommpälowwi]
~hose	kąpielówki [kommpälufki]
~mantel	płaszcz kąpielowy [puaschtsch kommpälowwi]
Baumwolle	bawełna [bawäuna]
Bikini	bikini *n* [bikinji]
Blazer	blezer [bläsär]
Bluse	bluzka [bluska]
Büstenhalter	biustonosz [bjustonnosch]
Farbe	kolor [kollorr]
Frottee	frottee [frottä]

Gürtel . . . . pasek [passäk]
Handlschuhe . . . . rękawiczki [ränkawitschki]
~tasche . . . . torebka [torräpka]
Hemd . . . . koszula [koschula]
Hose . . . . spodnie *pl* [spoddnjä]
Hut . . . . kapelusz [kapälusch]
Jacke *(für Frauen)* . . . . . . żakiet [schakät] *(für Männer)* marynarka [marinarka]
Jeans . . . . jeansy, dżinsy *pl* [dschinsi]
Kleid . . . . suknia [suknja]
Kostüm . . . . kostium [kosstjum]
Krawatte . . . . krawat [krawat]
Kunstfaser . . . . włókno sztuczne [wuukno schtutschnä]
Leinen . . . . len [län]
Mantel . . . . płaszcz skórzany [puaschtsch skuschani]
Morgenrock . . . . podomka [poddommka], szlafrok [schlafrock]
Mütze . . . . czapka [tschapka]
Nachthemd . . . . koszula nocna [koschula nottsna]
Pullover . . . . pulower [pulowwär]
Pyjama . . . . piżama [pischama], pidżama [pidschama]
Regenmantel . . . . płaszcz przeciwdeszczowy [puaschtsch pschätschifdäschtschowwi]
Reißverschluss . . . . zamek błyskawiczny [samäk buiskawitschni], ekspres [äkspräs]
Rock . . . . spódniczka [spudnjitschka]
Sakko . . . . marynarka [marinarka]
Schal . . . . szal [schal]
Schirm . . . . parasol [parassoll]
Seide . . . . jedwab [jädwap]
Socken . . . . skarpetki [skarpätki]
Sommerkleid . . . . sukienka letnia [sukänka lätnja]
Strümpfe . . . . pończochy [ponjtschochi]
Strumpfhose . . . . rajstopy *pl* [rajstoppi]
Unterlhemd . . . . podkoszulek [pottkoschuläk]
~hose . . . . spodenki [spoddänki] *(lange)* kalesony *pl* [kalässonni]
~wäsche . . . . bielizna [bälisna]
Weste . . . . kamizelka [kamisälka]
Wolle . . . . wełna [wäuna]

SCHUHGESCHÄFT	SKLEP Z OBUWIEM [skläp sobbuwäm]
Ich möchte ein Paar Schuhe.	Proszę o parę butów. [proschän o parän butuf]
Ich habe Schuhgröße …	Noszę buty numer … [noschän buti numär]
Sie sind zu eng/weit.	Te są za wąskie/duże. [tä son sa wonskä/duschä]

Gummistiefel	kalosze [kaloschä]
Sandalen	sandały [sandaui]
Schuh	buty [buti]
~creme	pasta do butów [pasta do butuf]
Stiefel	buty *pl* z cholewami [buti s-cholläwami] kozaczki *pl* [kossatschki]
Turnschuhe	obuwie gimnastyczne [obbuwä gimnastit schnä], tenisówki [tänjissufki]

OPTIKER	OPTYK [opptik]
Würden Sie mir bitte diese Brille reparieren?	Czy może mi pan/pani zreperować te okulary? [tschi moschä mi pan/panji sräpärowwatsch tä ockulari]
Ich bin kurzsichtig/ weitsichtig.	Jestem krótkowidzem/dalekowidzem. [jästäm krutkowwidsiäm/daläkowwidsiäm]
Wie ist Ihre Sehstärke?	Jakie szkła pan/pani nosi? [jakä schkua pan/panji noschi]
rechts plus/minus …, links …	prawe plus/minus … , lewe … [prawä plus/minus …, läwä]
Wann kann ich die Brille abholen?	Kiedy mogę odebrać moje okulary? [kädi moggän oddäbratsch mojjä ockulari]
Ich brauche …	Potrzebuję … [pottschäbujän]
Aufbewahrungslösung	płyn do przechowywania [puin do pschächowwiwanja]
Reinigungslösung	płyn do czyszczenia/mycia [puin do tschischtschänja/mitscha]
für harte/weiche Kontaktlinsen.	twardych/miękkich soczewek. [tfardich/mänkkich sottschäwäk]
Ich suche …	Szukam … [schukam …]
… eine Sonnenbrille.	… okularów słonecznych [… ockularuf suonnätschnich]
… ein Fernglas.	… lornetki [… lorrnätki]

SCHMUCKWAREN	JUBILER [jubilär]
Ich möchte ein hübsches Andenken/Geschenk.	Chciałbym/chciałabym jakąś ładną pamiątkę/jakiś ładny prezent. [chtschaubim/chtschauabim jakonsch uadnon pamjonntkän/jakisch uadni präsänt]
Anhänger	wisiorek [wischorräk]
Armband	branzoletka [bransollätka]
~uhr	zegarek na rękę [sägaräk na ränkän]
Brosche	broszka [broschka]
Gold	złoto [suotto]
Kette	łańcuszek [uanjzuschäk]
Kristall	kryształ [krischtau]
Modeschmuck	modna biżuteria [moddna bischutärja]
Ohrringe	kolczyki [kolltschiki]
Perle	perła [pärua]
Ring	pierścionek [pärschtschonnäk]
Schmuck	biżuteria [bischutärja]
Silber	srebro [sräbro]

SCHREIBWAREN	ARTYKUŁY PAPIERNICZE [artikuwi papärnjtschä]
Haben Sie deutsche Zeitungen/Zeitschriften?	Czy są niemieckie gazety/czasopisma? [tschi son njämäzkä gasäti/tschassoppissma]
Ich hätte gern ...	Proszę ... [proschän]
einen Reiseführer.	przewodnik. [pschäwoddnjik]
Ansichtskarte	widokówka [widockufka]
Bleistift	ołówek [ouuwäk]
Brief/marke	znaczek pocztowy [snatschäk pottschtowwi]
~papier	papier listowy [papär listowwi]
~umschlag	koperta [koppärta]
Klebstoff	klej [kläj]
Kugelschreiber	długopis [duugoppis]
Landkarte	mapa [mapa]
Notizblock	notatnik [nottatnjik], notes [nottäs]
Papier	papier [papär]
Reiseführer	przewodnik [pschäwoddnjik]
Roman	powieść *f* [powwäschtsch]
Stadtplan	plan miasta [plan mjasta]
Straßenkarte	atlas samochodowy [atlas samochoddowwi]
Taschenbuch	wydanie kieszonkowe [widanjä käschonnkowwä]
Wanderkarte	mapa turystyczna [mapa turistitschna]
Zeichenblock	blok rysunkowy [block risunkowwi]
Zeitschrift	czasopismo [tschassoppissmo]
Zeitung	gazeta [gasäta]

TABAKWAREN	WYROBY TYTONIOWE [wirobbi titonjowwä]
Ein Päckchen/ Eine Stange ... mit/ ohne Filter, bitte.	Proszę paczkę/karton ... z filtrem/bez filtra. [proschän patschkän/kartonn ... sfil-träm/bäs filtra]
Zehn Zigarren/ Zigarillos, bitte.	Proszę dziesięć cygar/cygaretek. [proschän dsiäschänjtsch zigar/zigarätäk]
Ein Päckchen/ Eine Dose Zigaretten-/ Pfeifentabak, bitte.	Proszę paczkę/puszkę tytoniu papierosowe-go/do fajki. [proschän patschkän/puschkän titonju papärossowwägo/do fajki]
Eine Schachtel Streichhölzer/ Ein Feuerzeug, bitte.	Proszę pudełko zapałek/zapalniczkę. [proschän pudäuko sapauäk/sapalnjitschkän]

Bilder
zum Zeigen
Kleidung

in der Drogerie

Bilder
zum Zeigen

Elektroartikel

Schreiben & Rauchen

Übernachtung

Ein Doppelzimmer, bitte

Das Übernachtungsangebot ist breit gefächert. Ebenso die Preisstruktur. An den Transitstrecken findet man flächendeckend ganz passable, günstige Motels. Kleine Hotels in den Städten sind ebenfalls relativ billig, die großen Hotels dagegen verlangen westeuropäische Preise, wobei der Standard nicht unbedingt immer mithält. In Touristengebieten wie Ostseeküste und Masuren gibt es viele Ferienhäuser, kleine Pensionen oder Privatzimmer „kwatery prywatne" [kwatäri priwatnä]. Allerdings sollte man für die Ferienmonate Juli und August rechtzeitig reservieren.

Im Betriebsferienheim

Insider Tipp

In den schönsten Ecken Polens gibt es die Möglichkeit, ein Zimmer in einem so genannten „ośrodek wczasowy" [oschrodäk ftschasowi] zu buchen. Die ehemaligen Betriebsferienheime liegen landschaftlich besonders schön, sind extrem günstig und bieten meist Vollpension.

Können Sie mir bitte ... empfehlen?	Może mi pan/pani polecić ...? [moschä mi pan/panji pollätschitsch]
ein gutes Hotel	dobry hotel [dobbri chottäl]
eine Pension	pensjonat [pänsjonnat]
Gibt es hier einen Campingplatz/ eine Jugendherberge?	Czy jest tutaj kemping/schronisko młodzieżowe? [tschi jäst tutaj kämpink/ßchronjisko muoddsiäschowwä]

... im Hotel

REZEPTION	RECEPCJA [räzäpzja]
Ich habe bei Ihnen ein Zimmer reserviert. Mein Name ist ...	Zarezerwowa-łem/łam u Państwa pokój. Nazywam się ... [saräsärwowwa-uäm/uam u panjstwa pockuj. nasiwam schän]
Haben Sie noch Zimmer frei?	Czy ma pan/pani jeszcze wolne pokoje? [tschi ma pan/panji jäschtschä wollnä pockojjä]
... für eine Nacht.	... na jedną noc. [na jädnon notts]
... für zwei Tage.	... na dwa dni. [na dwa dnji]
... für eine Woche.	... na tydzień. [na tidsiänj]
Nein, wir sind leider vollständig belegt.	Nie, wszystkie pokoje są niestety zajęte. [njä, fschistkä pockojjä son njästäti sajäntä]
Ja, was für ein Zimmer wünschen Sie?	Tak, jaki pokój pan/pani sobie życzy? [tak, jaki pockuj pan/panji sobbä schitschi]
ein Einzelzimmer	jednoosobowy ... [jädnoossobbowwi]
ein Zweibettzimmer	dwuosobowy ... [dwuossobbowwi]
mit Dusche	z prysznicem. [s prischnjizäm]
mit Bad	z łazienką. [s uasiänkon]
ein ruhiges Zimmer	zaciszny pokój [satschischni pockuj]

mit Blick aufs Meer/ auf den See	z widokiem na morze/z widokiem na jezioro. [swidockäm na moschä/ swidockäm na jäsiorro]
Kann ich das Zimmer ansehen?	Mogę ten pokój obejrzeć? [moggän tän pockuj obbäjschätsch]
Können Sie noch ein drittes Bett/Kinderbett dazustellen?	Może pan/pani wstawić jeszcze jedno łóżko/łóżeczko dziecięce? [moschä pan/panji fstawitsch jäschtschä jädno uuschko/uuschätsch-ko dschätschänzä]
Was kostet das Zimmer mit ...	Ile kosztuje pokój ... [ilä koschtujä pockuj]
Frühstück?	ze śniadaniem? [sä schnjadanjäm]
Halbpension?	ze śniadaniem i kolacją? [sä schnjadanjäm i kollazjon]
Vollpension?	z całodziennym utrzymaniem? [s zauoddsiännim utschimanjäm]
Ab wann gibt es Frühstück?	Od której jest śniadanie? [ott kturäj jäst schnjadanjä]
Wo ist der Speisesaal?	Gdzie jest jadalnia? [gdsiä jäst jadalnja]

Frühstück: ⇒ ESSEN & TRINKEN, S. 44f.

Wecken Sie mich bitte morgen früh um ... Uhr.	Proszę mnie jutro rano obudzić o godzinie ... [proschän mnjä jutro rano obbudsitsch o goddsinjä]
Bitte meinen Schlüssel.	Proszę mój klucz. [proschän muj klutsch]

BEANSTANDUNGEN — REKLAMACJE [reklamazjä]

Das Zimmer ist nicht gereinigt worden.	Pokój nie został sprzątnięty. [pockuj njä sosstau spschontnjänti]
Die Dusche ...	Prysznic ... [prischnjiz]
Die Spülung ...	Spłuczka ... [spuutschka]
Die Heizung ...	Ogrzewanie ... [oggschäwanjä]
Das Licht ...	Światło ... [schwjatuo]
funktioniert nicht.	nie funkcjonuje. [njä funkzjonnujä]
Es kommt kein (warmes) Wasser.	Nie leci (ciepła) woda. [njä lätschi (tschäpua) wodda]

Die Toilette/Das Waschbecken ist verstopft.	Toaleta/Umywalka jest zapchana. [toaläta/umiwalka jäst sapchana]

ABREISE — ODJAZD [odjasd]

Ich reise heute Abend/morgen um ... Uhr ab.	Wyjeżdżam dzisiaj wieczorem/jutro o godzinie ... [wijäschdscham dsischaj wätschorräm/jutro o goddsinjä]
Machen Sie bitte die Rechnung fertig.	Proszę przygotować rachunek. [proschän pschigottowwatsch rachunäk]
Kann ich mit Kreditkarte bezahlen?	Czy mogę zapłacić kartą kredytową? [tschi moggän sapuatschitsch karton kräditowwon]
Vielen Dank für alles! Auf Wiedersehen!	Bardzo dziękuję za wszystko! Do widzenia! [bardsio dsiänkujän sa fschistko. do widsiänja]

Abendessen	kolacja [kollazja]
Anmeldung	zameldowanie [samäldowwanjä]
Badezimmer	łazienka [uasiänka]
Bett	łóżko [uuschko]
~wäsche	pościel [poschtschäl]
Dusche	prysznic [prischnjiz]
Empfangshalle	sala przyjęć [sala pschijäntsch]
Etage	piętro [päntro]
Fenster	okno [ockno]
Fernsehraum	sala telewizyjna [sala täläwisijna]
Frühstück	śniadanie [schnjadanjä]
Frühstücksraum	jadalnia [jadalnja]
Halbpension	utrzymanie ze śniadaniem i kolacją [utschimanjä sä schnjadanjäm i kollazjon]
Handtuch	ręcznik [räntschnjik]
Hauptsaison	szczyt sezonu [schtschit säsonnu]
Heizung	ogrzewanie [oggschäwanjä]
Kinderbett	łóżko dziecięce [uuschko dsiätschänzä]
Klimaanlage	klimatyzacja [klimatisazja]
Kopfkissen	poduszka [podduschka]
Lampe	lampa [lampa]
Mittagessen	obiad [obbjat]
Nachsaison	po sezonie [po säsonjä]
Pension	pensjonat [pänsjonnat]
Portier	portier [porrtjär]
Radio	radio [radjo]
reinigen	sprzątać [spschontatsch]
Reservierung	rezerwacja [räsärwazja]
Rezeption	recepcja [räzäpzja]

Schlüssel	klucz [klutsch]
Schrank	szafa [schafa]
Speisesaal	jadalnia [jadalnja]
Steckdose	gniazdko kontaktowe [gnjastko konntaktowwä]
Stecker	wtyczka [ftitschka]
Toilette	toaleta [toaläta]
Übernachtung	nocleg [nottsläg]
Vollpension	utrzymanie całodzienne [utschimanjä zauoddsiännä]
Vorsaison	przed sezonem [pschät säsonnäm]
Waschbecken	umywalka [umiwalka]
Wasser	woda [wodda]
~hahn	kurek [kuräk]
Zimmer	pokój [pockuj]
~mädchen	pokojówka [pockojjufka]
Zwischenstecker	trójnik [trujnjik]

... im Ferienhaus

Ist ... im Mietpreis enthalten?	Czy ... jest zawarte w cenie za wynajęcie? [tschi ... jäst sawartä fzänjä sa winajäntschä]
der Stromverbrauch	zużycie prądu [suschitschä prondu]
der Wasserverbrauch	zużycie wody [suschitschä woddi]
Sind Haustiere erlaubt?	Czy dozwolone są zwierzęta domowe? [tschi dosswollonnä son swjäschänta dommowwä]
Wo bekommen wir die Schlüssel für das Haus/die Wohnung?	Gdzie otrzymamy klucze do domu/mieszkania? [gdsiä ottschimami klutschä do dommu/mäschkanja]
Müssen wir die Endreinigung selbst übernehmen?	Czy musimy sami na koniec posprzątać? [tschi muschimi sami na konjäz posspschontatsch]

Anreisetag	dzień przyjazdu [dsiänj pschijasdu]
Apartment	apartament [apartamänt]
Bungalow	bungalow [bungalou]
Ferienlanlage	ośrodek wypoczynkowy [oschroddäk wipottschinkowwi]
~haus	dom wczasowy [domm ftschassowwi]
~wohnung	mieszkanie dla wczasowiczów [mäschkanjä dla ftschassowwitschuf]
Hausbesitzer	właściciel domu [wuaschtschitschäl dommu]
Haustiere	zwierzęta domowe [swjäschänta dommowwä]

Herd	kuchenka [kuchänka]
Kaffeemaschine	automat do kawy [autommat do kawi]
Kochnische	wnęka kuchenna [wnänka kuchänna]
Kühlschrank	lodówka [loddufka]
Miete	cena za wynajęcie [zäna sa winajäntschä]
Müll	śmieci [schmätschi]
Nebenkosten	koszty dodatkowe [koschti doddatkowwä]
Schlaf|couch	tapczan [taptschan]
~zimmer	sypialnia [sipjalnja]
Strom	prąd [pronnt]
Toaster	automat do grzanek [autommat do gschanäk], toster [tosstär]
vermieten	wynajmować [winajmowwatsch]
Waschmaschine	pralka [pralka]

... AUF DEM CAMPINGPLATZ

Haben Sie noch Platz für einen Wohnwagen/ ein Zelt?	Czy ma pan/pani jeszcze miejsce na jedną przyczepę kempingową/jeden namiot? [tschi ma pan/panji jäschtschä mäjszä na jädnon pschitschäpän kämpingowwon/jädän namjott]
Wie hoch ist die Gebühr pro Tag und Person?	Jaka jest cena za dzień i za osobę? [jaka jäst zäna sa dsiänj i sa ossobbän]
Wie hoch ist die Gebühr für ...	Jaka jest cena za ... [jaka jäst zäna sa]
das Auto?	samochód? [samochut]
den Wohnwagen?	przyczepę kempingową? [pschitschäpän kämpingowwon]
das Wohnmobil?	karawaning? [karawanjing]
das Zelt?	namiot? [namjott]
Wir bleiben ... Tage/ Wochen.	Zostaniemy ... dni/tygodnie. [sosstanjämi ... dnji/tigoddnjä]
Gibt es hier ein Lebensmittelgeschäft?	Czy jest tu sklep spożywczy? [tschi jäst tu skläp sposchiftschi]
Wo sind ...	Gdzie są... [gdsiä son]
die Toiletten?	toalety? [toaläti]
die Waschräume?	umywalnie? [umiwalnjä]
die Duschen?	prysznice? [prischnjizä]

Benutzungsgebühr	opłata za korzystanie [oppuata sa koschistanjä]
Camping	kemping [kämpink]
~platz	kemping [kämpink]
Gas|flasche	butla gazowa [butla gasowwa]
~kocher	kuchenka gazowa [kuchänka gasowwa]
Geschirrspülbecken	zlewozmywak [släwossmiwak]
Kocher	kocher [kochär], kuchenka [kuchänka]
leihen	wypożyczać [wiposchitschatsch]
Leihgebühr	opłata za wypożyczenie [oppuata sa wiposchitschänjä]
Petroleumlampe	lampa naftowa [lampa naftowwa]
Steckdose	gniazdko [gnjastko]
Stecker	wtyczka [ftitschka]
Strom	prąd [pronnt]
~anschluss	przyłączenie do sieci elektrycznej [pschiuontschänjä do schätschi äläktritschnäj]
Trinkwasser	woda pitna [wodda pitna]
Voranmeldung	uprzednie zgłoszenie [upschädnjä sguoschänjä]
Wasser	woda [wodda]

… in der Jugendherberge

Kann ich bei Ihnen … leihen?	Czy mogę u pana/pani wypożyczyć …? [tschi moggän u pana/panji wiposchitschitsch …]
Bettwäsche	pościel [poschtschäl]
einen Schlafsack	śpiwór? [schpiwur]
Die Eingangstür wird um 24 Uhr abgeschlossen.	Drzwi wejściowe zamyka się o północy. [dschwi wäjschtschowwä samika schän o puwnottsi]

Jugendherberge	schronisko młodzieżowe [ßchronjisko muoddsiäschowwä]
Jugendherbergsausweis, Mitgliedskarte	legitymacja schroniska młodzieżowego [lägitimazja ßchronjiska muoddsiäschowwägo]
Schlaf|saal	sypialnia [sipjalnja]
~sack	śpiwór [schpiwur]
Waschraum	umywalnia [umiwalnja]

Bilder
zum Zeigen

Waschen &

Schlafen

Bilder
zum Zeigen

für alle Fälle

Besichtigungen/Unterhaltung

Was unternehmen wir?

Polen wird häufig mit spektakulären Landschaften in Verbindung gebracht wie der Ostseeküste, der Masurischen Seenplatte oder der Bergwelt der Hohen Tatra. Tatsächlich bietet es aber viel mehr Sehenswürdigkeiten: eine einzigartige Städtelandschaft, mit gut erhaltenen oder liebevoll restaurierten (polnische Restaurateure genießen Weltruf!) historischen Stadtkernen. In den Metropolen sind reiche Kunstsammlungen oft in prächtigen Schlössern oder Bürgerhäusern ausgestellt. Auch viele kleine Dorfkirchen lohnen einen Besuch. Sie sind zwar nur zu Zeiten der Messe offen, aber auf Nachfrage beim Priester wird Ihnen gerne aufgeschlossen.

Ich möchte einen Stadtplan von … haben.	Proszę o plan miasta … [proschän o plan masta]
Welche Sehenswürdigkeiten gibt es hier?	Co warto tu obejrzeć? [zo warto tu obbäjschätsch]
Gibt es Stadtrundfahrten?	Czy są wycieczki/przejażdżki (autokarem) po mieście? [tschi son witschätschki/ pschäjaschtschki (autockaräm) po mäschtschä]
Was kostet die Rundfahrt?	Ile kosztuje wycieczka/przejażdżka po mieście? [ilä koschtujä witschätschka/pschäjaschtschka po mäschtschä]
Besuchen wir auch …?	Czy zwiedzimy też …? [tschi swädsimi täsch]
Wann fahren wir zurück?	Kiedy wracamy z powrotem? [kädi wrazami spowwrottäm]

SEHENSWERTES

Wann ist das Museum geöffnet?	Kiedy otwarte jest muzeum? [kädi otfartä jäst musäum]
Wann beginnt die Führung?	Kiedy zaczyna się oprowadzanie? [kädi satschina schän opprowwadsianjä]
Ist das …?	Czy to …? [tschi to]

Altar	ołtarz [outasch]
Altstadt	stare miasto [stará masto]
Architektur	architektura [architäktura]
Ausflug	wycieczka [witschätschka]
Ausgrabungen	wykopaliska [wikoppaliska]
Aussichtspunkt	miejsce widokowe [mäjszä widockowwä]
Ausstellung	wystawa [wistawa]
Besichtigung	zwiedzanie [swädsianjä]
Bild	obraz [obbras]
~hauer	rzeźbiarz [schäsibjasch]
Burg	zamek [samäk]
Denkmal	zabytek [sabitäk]
Dom *(Kirche)*	katedra [katädra]
Festung	twierdza [tfiärdsia]
Fremdenführer	przewodnik [pschäwoddnjik]
Friedhof	cmentarz [zmäntasch]
Führung	oprowadzanie [opprowwadsianjä]
Galerie	galeria [galärja]
Gebäude	budynek [budinäk]
Gebirge	góry *pl* [guri]

Gemälde	obraz [obbras]
Gobelin	gobelin [gobbälin]
Gottesdienst	nabożeństwo [naboschänjstfo]
Kaiser/in	cesarz/owa [zässasch/zässaschowwa]
Kapelle	kaplica [kapliza]
Kathedrale	katedra [katädra]
Kirche	kościół [koschtschuw]
König/in	król/owa [krul/owwa]
Landschaft	pejzaż [päjsasch]
Malerei	malarstwo [malarstfo]
Maler/in	mala-rz/rka [mala-sch/rka]
Markt	rynek [rinäk]
~halle	hala targowa [chala targowwa]
Museum	muzeum [musäum]
Naturschutzgebiet	rezerwat przyrody [räsärwat pschiroddi]
Plastik	rzeźba [schäsiba]
Platz	plac [plaz]
Rathaus	ratusz [ratusch]
Religion	religia [räligja]
restaurieren	restaurować [rästaurowwatsch]
Ruine	ruina [ruina]
Rundfahrt	wycieczka po morzu [witschätschka po moschu]
Schloss	zamek [samäk]
See	*(der ~)* jezioro [jäsiorro]; *(die ~)* morze [moschä]
Sehenswürdigkeiten	rzeczy warte zobaczenia [schätschi wartä sobbatschänja]
Stadtrundfahrt	wycieczka/przejażdżka (autokarem) po mieście [witschätschka/pschäjaschtschka (autockaräm) po mäschtschä]
Tagesausflug	wycieczka jednodniowa [witschätschka jädnoddnjowwa]
Turm	wieża [wäscha]
Wald	las [las]
Wasserfall	wodospad [woddosspat]
Zoo	ogród zoologiczny [oggrut soolloggitschni], zoo [soo]

UNTERHALTUNG

BAR/DISKOTHEK/ NACHTCLUB	**BAR/DYSKOTEKA/KLUB NOCNY** [bar/diskotteka/klup nozni]
Gibt es hier eine gemütliche Kneipe?	Czy jest tu jakaś miła knajpa? [tschi jäst tu jakasch miua knajpa]
Wo kann man hier tanzen gehen?	Gdzie tu można iść potańczyć? [gdsiä tu moschna ischtsch pottanjtschitsch]

Ist Abendgarderobe erwünscht?	Czy obowiązuje strój wieczorowy? [tschi obbowwonsujä struj wätschorrowwi]
Im Eintrittspreis ist ein Getränk enthalten.	W cenie jest wstęp i pierwszy napój. [fzänjä jäst fstämp i pärfschi napuj]
Ein Bier, bitte.	Piwo, proszę. [piwo, proschän]

Polen: ein Land der Biertrinker

Viele gute polnische Biersorten wie „Żywiec" oder „Okocim" haben eine lange Brautradition und werden reichlich genossen. Man geht traditionell in die „piwarnia piwa" (Bierstube) und in den Städten neuerdings auch in die teureren „puby".

Das gleiche noch einmal.	Jeszcze raz to samo. [jäschtschä ras to samo]
Diese Runde übernehme ich.	Stawiam tę kolejkę. [stawjam tän kolläjkän]
Wollen wir (noch einmal) tanzen?	Czy moglibyśmy (jeszcze raz) zatańczyć? [tschi mogglibischmi (jäschtschä ras) satanjtschitsch]

Dansing oder Disco

Die ältere Generation verbringt den Abend immer noch gern beim „Dansing", d. h. in gepflegten Tanzlokalen oder kleinen Restaurants mit Live-Musik. Junge Leute gehen natürlich in die Disco, die es auch im abgelegensten Dorf gibt. Oft enden hier die Discoabende in einer zünftigen Schlägerei, denn der Wodka fließt in Strömen.

ausgehen	wychodzić/wyjść [wichoddsitsch/wijschtsch]
Band	band [bant], kapela [kapäla]
Bar	bar [bar]
Diskjockey	discjockey [diskdschockäj]
Disko	dyskoteka [diskottäka]
Folklore	folklor [follklorr]
~abend	wieczór folklorystyczny [wätschur follklorristitschni]
~musik	muzyka ludowa [musika ludowwa]
Kneipe	knajpa [knajpa]

Livemusik	live-music [lajfmjusik] muzyka na żywo [musika na schiwo]
Nachtclub	klub nocny [klup nottsni]
Show	show *n* [schou]
Spielcasino	kasyno gry [kassino gri]
tanzen	zatańczyć [satanjtschitsch]
Tanz|kapelle	orkiestra taneczna [orrkästra tanätschna]
~musik	muzyka taneczna [musika tanätschna]

THEATER/KONZERT/KINO — TEATR/KONCERT/KINO [täatr/konnzärt/kino]

Theater oder Kino?

Polen lieben v. a. die leichte Muse wie die „operetka". Es gibt auch hervorragende, international anerkannte Theaterbühnen, die leider in den Ferienmonaten Sommerpause haben. Man kann als Tourist aber problemlos ins Kino gehen, denn ausländische Filme laufen häufig im Original mit Untertiteln.

Haben Sie einen Veranstaltungskalender für diese Woche?	Czy mają państwo kalendarz imprez na ten tydzień? [tschi majon panjstfo kaländasch impräs na tän tidsiänj]
Welches Stück wird heute Abend im Theater gespielt?	Jaka sztuka będzie grana dziś wieczorem w teatrze? [jaka schtuka bändsiä grana dsisch wätschorräm ftäatschä]
Können Sie mir ... empfehlen?	Czy może mi pan/pani polecić ...? [tschi moschä mi pan/panji pollätschitsch ...]
ein gutes Theaterstück	jakąś dobrą sztukę [jakonsch dobbron schtukän]
einen guten Film	jakiś dobry film [jakisch dobbri film]
Wann beginnt die Vorstellung?	Kiedy zaczyna się przedstawienie/ *(Kino)* seans? [kädi satschina schän pschätstawiänjä/ säans]
Wo bekommt man Karten?	Gdzie można kupić bilety? [gdsiä moschna kupitsch biläti]
Bitte zwei Karten für heute Abend.	Proszę dwa bilety na dzisiejszy wieczór. [proschän dwa biläti na dsischäjschi wätschur]
Bitte zwei Plätze zu ...	Proszę dwa bilety na ... [proschän dwa biläti na]

Kann ich bitte ein Programm haben?	Czy mogę prosić o program? [tschi moggän proschitsch o proggram]
Wo ist die Garderobe?	Gdzie jest szatnia? [gdsiä jäst schatnja]

Ballett	balet [balät]
Eintrittskarte	bilet wstępu [bilät fstämpu]
Festival	festiwal [fästiwal]
Film	film [film]
Kasse	kasa [kassa]
Kino	kino [kino]
Konzert	koncert [konnzärt]
Musical	musical [mjusikal]
Oper	opera [oppära]
Premiere	premiera [prämära]
Schauspiel	dramat [dramat]
Theater	sztuka teatralna [schtuka täatralna]
Veranstaltungskalender	kalendarz imprez [kaländasch impräs]
Vorstellung	przedstawienie [pschätstawänjä]
Vorverkauf	przedsprzedaż *f* [pschätspschädasch]
Zirkus	cyrk [zirk]

Strand & Sport

Wie weit ist es zum Strand?

Außerhalb der Sommerferienmonate hat man die feinsandigen, breiten Strände der Ostseeküste fast für sich allein. Alle Strände sind öffentlich, Kurtaxe wird nicht erhoben. Häufig ist es sehr windig, der Kauf einer Windschutzwand lohnt sich. FKK-Strände gibt es nicht, Sonnenbaden oben ohne ist aber kein Problem. Reizvoll ist der Besuch von kleinen Fischereihäfen, wo man Fische frisch vom Kutter erstehen kann. Schöne Badestrände findet man auch an den masurischen Seen. Hier ist das Sportangebot riesig: Angeln, Paddeln, Kajakfahren, Segeln, Radfahren …

IM SCHWIMMBAD/ AM STRAND	NA BASENIE/NA PLAŻY [na basänjä/na plaschi]
Gibt es hier ein …	Czy jest tu … [tschi jäst tu]
Freibad?	kąpielisko? [kommpälisko]
Hallenbad?	kryty basen? [kriti bassän]
Thermalbad?	terma? [tärma]
Eine Eintrittskarte (mit Kabine), bitte.	Proszę bilet (z kabiną). [proschän bilät (skabinon)]
Ist die Strömung stark?	Czy prąd jest silny? [tschi pronnt jäst schilni]
Ist es für Kinder gefährlich?	Czy to niebezpieczne dla dzieci? [tschi to njäbäspätschnä dla dsiätschi]
Ich möchte … mieten.	Chciałbym/chciałabym wynająć … [chtschaubim/chtschauabim winajonjtsch]
ein Boot	łódź. [uutsch]
ein Paar Wasserski	narty wodne. [narti woddnä]
Was kostet es pro Stunde/Tag?	Ile kosztuje wynajęcie na godzinę/na dzień? [ilä koschtujä winajäntschä na goddsinä/na dsiänj]

SPORT	SPORT [sporrt]
Welche Sportmöglichkeiten gibt es hier?	Jaki sport można tu uprawiać? [jaki sporrt moschna tu uprawatsch]
Wo kann man hier angeln?	Gdzie można tu wędkować? [gdsiä moschna tu wäntkowwatsch]
Können Sie mir eine interessante Route auf der Karte zeigen?	Czy może mi pan/pani pokazać na mapie jakiś interesujący szlak? [tschi moschä mi pan/panji pockasatsch na mapä jakisch intärässujonzi schlak]
Wo kann ich … ausleihen?	Gdzie mogę wypożyczyć … ? [gdsiä moggän wiposchitschitsch]

Anfänger	początkujący [pottschonntkujonnzi] początkująca [pottschonntkujonnza]
Angel	wędka [wäntka]
~schein	karta wędkarska [karta wäntkarska]
Bademeister/in	ratownik/ratowniczka [ratowwnjik/ratowwnjitschka]
Ball	piłka [piuka]
Basketball	koszykówka [koschikufka]
Bergsteigen	wspinaczka wysokogórska [fspinatschka wisockoggurska]
Bootsverleih	wypożyczalnia łodzi [wiposchitschalnja uoddsi]
Doppel	gra podwójna [gra poddwujna]
Dusche	prysznic [prischnjiz]

Eintrittskarte	bilet wstępu [bilät fstämpu]
Einzel	gra pojedyncza [gra pojjädintscha]
Eis|bahn	tor lodowy [torr loddowwi]
~hockey	hokej na lodzie [hockäj na loddsiä]
Ergebnis	wynik [winjik]
Fallschirmspringen	skoki spadochronowe [skocki spadochronnowwä]
Federball	kometka [kommätka]
FKK-Strand	plaża dla nudystów [plascha dla nudistuf]
Freibad	kąpielisko [kommpälisko], basen [bassän]
Fußball	piłka nożna [piuka noschna]
~mannschaft	drużyna piłki nożnej [druschina piuki noschnäj]
~platz	boisko do gry w piłkę nożną [boisko do gri fpiukän noschnon]
~spiel	mecz piłki nożnej [mätsch piuki noschnäj]
gewinnen	wygrywać/wygrać [wigriwatsch/wigratsch]
Golf	golf [gollf]
~schläger	kij golfowy [kij gollfowwi]
Gymnastik	gimnastyka [gimnastika]
Handball	piłka ręczna [piuka räntschna]
Kanu	kajak [kajak]
Kasse	kasa [kassa]
Kurs	kurs [kurs]
Langlauf	bieg na nartach [bäk na nartach]
Leichtathletik	lekkoatletyka [läkkoatlätika]
Luftmatratze	materac turystyczny [matäraz turistitschni]
Mannschaft	drużyna [druschina]
Meisterschaft	mistrzostwa *pl* [mistschosstfa]
Minigolf	minigolf [minjigollf]
Motorboot	motorówka [mottorrufka]
Nichtschwimmer	nie umiejący/*f* nie umiejąca pływać [njä umäjonzi/njä umäjonza puiwatsch]
Paddelboot	kajak [kajak], łódź z wiosłem [uutsch swijossuäm]
Programm	program [proggram]
Rad fahren	jeździć na rowerze [jäsidsitsch na rowwäschä]
Rad|rennen	wyścig kolarski [wischtschik kollarski]
~tour	wycieczka rowerowa rowwärowwa]
Regatta	regaty *pl* [rägati]
reiten	jeździć konno [jäsidsitsch konnno]
Reitsport	jeździectwo [jäsidsiäztfo]

Reiterparadies

In Polen ist die Pferdezucht weit verbreitet und in allen touristischen Regionen gibt es für Reiter zahlreiche Möglichkeiten, die meist günstiger als in Deutschland sind. Bekannt sind auch Pferde-Therapiezentren für behinderte Kinder.

Rennen .... wyścig [wischtschik], wyścigi *pl* [wischtschigi]
Ruderboot .... łódź *f* [uutsch]
Rudern .... wiosłować [wossuowwatsch]
Sand .... piasek [pjassäk]
Sauna .... sauna [sauna]
Schiedsrichter .... sędzia [sänjdsia], arbiter [arbitär]
Schlauchboot .... ponton [ponntonn]
Schlepplift .... wyciąg narciarski [witschong nartscharski]
Schlitten .... sanki *pl* [sanki]
~ fahren .... jazda na sankach [jasda na sankach]
Schlittschuhe .... łyżwy [uischwi]
Schwimmbad .... basen [bassän]
schwimmen .... pływać [puiwatsch]
Schwimmer .... pływak/pływaczka [puiwak/puiwatschka]
Schwimm|flossen .... płetwy [puätfi]
~ring .... koło ratunkowe [kouo ratunkowwä]
Segel|boot .... żaglówka [schaglufka]
~fliegen .... latanie szybowcem [latanjä schiboffzäm]
Segeln .... żeglować [schäglowwatsch]
Seilbahn .... kolejka linowa [kolläjka linowwa]
Sessellift .... wyciąg krzesełkowy [witschonk kschässäukowwi]
Sieg .... zwycięstwo [switschänstfo]
Ski .... narty *pl* [narti]
~laufen .... jeżdżenie na nartach [jäschdschänjä na nartach]
Sonnenschirm .... parasol (od słońca) [parassoll (ott suonjza)]
Spiel .... mecz [mätsch]
Sportler/in .... sportowiec/sportsmenka [sporrtowwäz/sporrtsmänka]
Sportplatz .... boisko sportowe [boisko sporrtowwä]
Sprungbrett .... skocznia [skottschnja]
Start .... start [start]
Surfbrett .... deska do surfowania [däska do särfowwanja]
Surfen .... surfować [särfowwatsch]
tauchen .... nurkować [nurkowwatsch]
Tennis .... tenis [tänjis]
Tischtennis .... tenis stołowy [tänjis stouowwi]
Tor .... bramka [bramka]
~wart .... bramkarz [bramkasch]
Tretboot .... rower wodny [rowwär woddni]
unentschieden .... remis [rämis]
verlieren .... przegrywać/przegrać [pschägriwatsch/pschägratsch]
Volleyball .... siatkówka [schatkufka]
Wandern .... wędrować [wändrowwatsch]
Wanderweg .... szlak turystyczny [schlak turistitschni]
Wasserball .... piłka wodna [piuka woddna]
Wellenreiten .... surfing [särfing]
Wettkampf .... zawody *pl* [sawoddi], mecz [mätsch]
Windschirm .... wiatrochron [watrochronn]
osłona od wiatru [ossuonna odd watru]

Mit Kindern unterwegs

Für die Kleinsten das Größte

In Polen sind viele Kinder ganztags betreut, auch auf dem Lande. Das ist notwendig, da die meisten Frauen berufstätig sind. Ein typische Straßenszene am Nachmittag ist eine Oma, die ihr Enkelkind verwöhnt. Hotels und Restaurants halten in der Regel Kinderbetten, Hochstühle und Wickeltische bereit. Woran es allerdings hapert sind kinderwagengerechte Rampen, Treppen oder Fahrstühle in Bussen, Parks, auf Bahnhöfen oder in öffentlichen Gebäuden. Auch Autobahnraststätten sind nicht gerade kinderfreundlich ausgestattet. Aber man wird immer bemüht sein, Ihnen weiterzuhelfen.

Von Kind zu Kind

Wie heißt du? .... Jak się nazywasz? [jak schän nasiwasch]
Ich heiße ... . Nazywam się ... [nasiwam schän ...]
Woher kommst du? ...... Skąd jesteś? [skont jästäsch]
Ich komme aus .... Jestem z ... [jästäm s ...]
Willst du mit mir spielen? . Czy chcesz się ze mną pobawić? [tschi chzäsch schän sä mnon pobbawitsch]

Gibt es auch Kinderportionen?	Czy są także porcje dla dzieci? [tschi sontakschä porrzä dla dsiätschi]
Könnten Sie mir bitte das Fläschchen warmmachen?	Czy mógłby/mogłaby mi pan/pani podgrzać buteleczkę? [tschi mugubi/mogguabi mi pan/panji poddgschatsch butälätschkän]
Bitte bringen Sie mir noch einen Kinderstuhl.	Proszę przynieść jeszcze krzesełko dziecięce [proschän pschinjäschtsch jäschtschä kschässäuko dsiätschänzä]

Fläschchenwärmer ..... podgrzewacz do butelki [poddgschäwatsch do butälki]
Kinderbetreuung .... opieka do dzieci [oppäka do dsiätschi]
Kinderermäßigung ...... zniżka dla dzieci [snjischka dla dsiätschi]
Kinderkrankenhaus ..... szpital dziecięcy [schpital dsiätschänzi]
Kindernahrung .... pokarm dla dzieci [pockarm dla dsiätschi]
Planschbecken .... brodzik [broddsik]
Schnuller .... smoczek [smottschäk]
Schwimmflügel .... skrzydełka do nauki pływania [skschidäuka do nauki puiwanja]
Spielkameraden .... towarzysze zabawy [towwaschischä sabawi]
Spielplatz .... plac zabaw [plaz sabaf]
Spielsachen .... zabawki [sabafki]
Wickeltisch .... stół do przewijania [stuw do pschäwijanja]

Wau

Hund	hau, hau	[hau, hau]
Katze	miaau, miaau	[miau, miau]
Hahn	kukuryku	[kukuryku]
Hühner	ko-ko-ko-ko	ko-ko-ko-ko]
Kuh	muu, muu	[muh, muh]
Rabe	kra-kra	[krah-krah]

Strand
plaz˙a
[plascha]
Burg
zamek
[samäk]
WELLE
Umziehkabine
przebieralnia
[pschäbäralnja]
Sonnenschirm
parasol
[parassoll]
1
2
3
4
Eiskrem
lody pl
[loddi]
Bademeister
ratownik
[ratowwnjik]
Segelboot
z˙aglówka
[schaglufka]
Schaufel
łopatka
[uoppatka]
Handtuch
ręcznik
[räntschnjik]
Floß
tratwa
[tratfa]
Ball
piłka
[piuka]
Wasser
woda
[wodda]

Kinder-sachen

Behinderte auf Reisen

Bahn frei ...

Seit einigen Jahren bemüht man sich redlich, den Behinderten das Leben in der Öffentlichkeit zu erleichtern. In den Großstädten wurden die Ampeln mit einem Signalton ausgestattet, bei Straßenunterführungen wurden Rampen für Rollstuhlfahrer gebaut und auch in den neueren Nahverkehrsmitteln sowie in neu errichteten öffentlichen Gebäuden sind behindertengerechte Einrichtungen installiert. Ältere Busse, Straßenbahnen und die Fernbahn halten hier leider noch nicht mit. Dafür entschädigt aber die große Hilfs- und Improvisationsbereitschaft der Leute!

Ich bin ... — Jestem ... [jästäm]
körperbehindert. — niepełnosprawny/niepełnosprawna. [njäpäunosprawni/njäpäunosprawna]
sehbehindert. — niewidomy/niewidoma. [njäwidommi/njäwidomma]

Ich habe ... — Mam ... [mam]
eine Gehbehinderung. — niepełnosprawne nogi. [njäpäunosprawnä noggi]
Multiple Sklerose. — stwardnienie rozsiane. [stfardnjänjä rosschanä]

amputiert .... amputowany/amputowana/amputowane [amputowwani /amputowwana /amptowwanä]
blind .... niewidomy [njäwidommi]
ebenerdig .... bezprogowy [bäsproggowwi]
Einstiegshilfe .... pomoc przy wsiadaniu [pommoz pschi fschadanju]
gehbehindert .... niepełnosprawny ruchowo [njäpäunosprawni ruchowwo]
gehörlos .... głuchy [gwuchi]
geistig behindert .... umysłowo upośledzony [umisuo uposchlädsonni]
Hörbehinderte/r .... niepełnosprawna/y z wadami słuchu [njäpäunosprawnja /njäpäunosprawnji swadami swuchu]
Körperbehinderung ..... niepełnosprawność fizyczna [njäpäunosprawnoschtsch fisitschna]
Krücke .... kula [kula], szwedka [schfätka]
pflegebedürftig .... obłożnie chory [obbuoschnjä chorri]
querschnittsgelähmt .... porażony poprzecznie [porraschonni poppschätschnjä]
Rampe .... rampa [rampa]
Rollstuhl .... wózek inwalidzki [wusäk inwalizki]
Rollstuhlfahrer/in ...... niepełnosprawny na wózku inwalidzkim [njäpäunosprawni / njäpäunosprawna na wusku inwalizkim]
rollstuhlgerecht .... przystosowany do wózka inwalidzkiego [pschistossowwani do wuska inwali)zkägo]
Schwerstbehinderte/r ... inwalida o najwyższym stopniu poszkodowania [inwalida o najwischschim stoppnju poschkoddowwanja]
sehbehindert .... niewidomy [njäwidommi]
stumm .... niemy [njämi]
Taststock .... laska dla niewidomych [laska dla njäwidommich]
taub .... głuchy [gwuchi]
taubstumm .... głochoniemy [gwuchonnjämi]

Von A bis Z
Praktische Hinweise

Schlangen in öffentlichen Einrichtungen gehören leider auch im kapitalistischen Polen noch zum alltäglichen Erscheinungsbild. Bei Postämtern und auf Banken sollte man mit längeren Wartezeiten und mürrischen Angestellten rechnen. Teilweise liegt dies an der altertümlichen Ausstattung, EDV-Unterstützung gibt es selten. Auch an der Grenze sollten sich Autofahrer auf lange Schlangen einstellen. Es lohnt sich, nachts zu fahren oder die Bahn zu benutzen. Wenig empfehlenswert sind die Busverbindungen von Deutschland nach Polen – lange Wartezeiten an der Grenze sind hier ebenfalls die Regel.

ARZT	LEKARZ [läkasch]

Beim Arzt	**U lekarza** [u läkascha]
Können Sie mir einen guten … empfehlen?	Czy może mi pan/pani polecić dobrego … ? [tschi moschä mi pan/panji pollätschitsch dobbrägo]
Arzt	lekarza [läkascha]
Augenarzt	okulistę [ockulistän]
Frauenarzt	ginekologa [ginäkollogga]
Hals-Nasen-Ohren-Arzt	laryngologa [laringollogga]
Hautarzt	dermatologa [därmatollogga]
Kinderarzt	pediatrę [pädjaträn]
Neurologen	neurologa [näurollogga]
Praktischen Arzt	lekarza ogólnego [läkascha oggulnägo]
Urologen	urologa [urollogga]
Zahnarzt	dentystę [däntistän]
Wo ist seine Praxis?	Gdzie jest jego gabinet? [gdsiä jäst jägo gabinät]
Was für Beschwerden haben Sie?	Co panu/pani dolega? [zo panu/panji dolläga]
Ich habe mich verletzt.	Skaleczyłem się/*f* skaleczyłam się. [skalätschiuäm schän/skalätschiuam schän]
Ich habe Fieber.	Mam gorączkę. [mam gorronntschkän]
Mir ist oft schlecht.	Jest mi często niedobrze. [jäst mi tschänsto njädobbschä]
Mir ist schwindlig.	Kręci mi się w głowie. [kränjtschi mi schän w guowwä]
Ich bin stark erkältet.	Jestem silnie przeziębiony/*f* przeziębiona. [jästäm schilnjä pschäsiämbonni/pschäsiämbonna]
Ich habe Kopfschmerzen.	Boli mnie głowa. [bolli mnjä guowwa]
Ich habe Halsschmerzen.	Boli mnie gardło. [bolli mnjä garduo]
Ich habe Husten.	Mam kaszel. [mam kaschäl]
Ich bin gestochen/gebissen worden.	Zostałem ukąszony/pogryziony. [sosstauäm ukonschonni/poggrisionni] *f* Zostałam ukąszona/pogryziona. [sosstauam ukonschonna/poggrisionna]
Ich habe Durchfall/Verstopfung.	Mam rozwolnienie/zatwardzenie. [mam rosswollnjänjä/satfardsiänjä]
Wo tut es weh?	Gdzie boli? [gdsiä bolli]
Ich habe hier Schmerzen.	Tu mam bóle. [tu mam bulä]

Ich bin Diabetiker/in.	Jestem diabetykiem/diabetyczką. [jästäm djabätikäm/djabätitschkon]
Ich bin schwanger.	Jestem w ciąży. [jästäm ftschonschi]
Es ist nichts Ernstes.	To nic poważnego. [to njiz powwaschnägo]
Können Sie mir bitte etwas gegen ... geben/ verschreiben?	Czy może mi pan/pani dać/zapisać coś na ... [tschi moschä mi pan/panji datsch/sapis-satsch zosch na]

Beim Zahnarzt — **U dentysty** [u däntisti]

Ich habe (starke) Zahnschmerzen.	Mam (ostre) bóle zęba. [mam (ossträ) bulä sämba]
Ich habe eine Füllung verloren.	Wypadła mi plomba. [wipadua mi plommba]
Mir ist ein Zahn abgebrochen.	Złamał mi się ząb. [suamau mi schän sommp]
Geben Sie mir bitte eine Spritze.	Proszę mi dać zastrzyk. [proschän mi datsch sastschik]
Geben Sie mir bitte keine Spritze.	Proszę mi nie dawać zastrzyku. [proschän mi njä dawatsch sastschiku]

Im Krankenhaus — **W szpitalu** [fschpitalu]

Wie lange muss ich hier bleiben?	Jak długo muszę tu zostać? [jak duugo muschän tu sosstatsch]
Wann darf ich aufstehen?	Kiedy mogę wstać? [kädi moggän fstatsch]

Abszess	ropień [roppänj]
Aids	aids [äjts]
Allergie	alergia [alärgja]
ansteckend	zakaźny [sakasini]
Arm	ramię [ramän], ręka [ränka]
Asthma	astma [astma]
Atembeschwerden	trudności w oddychaniu [trudnoschtschi w odddichanju]
atmen	oddychać [odddichatsch]
Auge	oko [ocko]
Ausschlag	wysypka [wisipka]
Bänderriss	naderwanie ścięgna [nadärwanjä schtschängna]
Bauch	brzuch [bschuch]
Bein	noga [nogga]
bewusstlos	nieprzytomny [njäpschitommni]
Blähungen	wzdęcia [wsdänjtscha]
Blase	pęcherz [pänchäsch]
Blinddarm	wyrostek robaczkowy [wirosstäk robbatschkowwi]
bluten	krwawić [krfawitsch]

Blut . . . . krew [kräf]
~druck (hoher/niedriger) ciśnienie krwi (wysokie/niskie) [tschischnjänjä krfi (wisockä/njiskä)]
~vergiftung . . . . zatrucie krwi [satrutschä krfi]
Bronchitis . . . . bronchit [bronnchit]
Bruch . . . . przepuklina [pschäpuklina]
Brust . . . . pierś *f* [pärsch]
Bypass . . . . bypass [bajpas]
Darm . . . . jelito [jälito]
Diabetes . . . . cukrzyca [zukschiza]
Durchfall . . . . biegunka [bägunka]
Eiter . . . . ropa [roppa]
Entzündung . . . . zapalenie [sapalänjä]
erbrechen, sich . . . . zwymiotować [swimjottowwatsch]
erkälten, sich . . . . przeziębić się [pschäsiämbitsch schän]
Facharzt . . . . lekarz specjalista [läkasch späzjalista]
Fehlgeburt . . . . poronienie [porronjänjä]
Fieber . . . . gorączka [gorronntschka]
Finger . . . . palec [paläz]
Fuß . . . . stopa [stoppa]
Gallenblase . . . . woreczek żółciowy [worrätschäk schuwtschowwi]
gebrochen . . . . złamany [suamani]
Gehirn . . . . mózg [musk]
~erschütterung . . . . . . wstrząs mózgu [fstschons musgu]
~schlag . . . . wylew krwi do mózgu [wiläf krfi do musgu]
Gelbsucht . . . . żółtaczka [schuwtatschka]
Gelenk . . . . staw [staf]
Geschlechts|krankheit . . . choroba weneryczna [chorrobba wänäritschna]
~organe . . . . narządy płciowe [naschonndi putschowwä]
geschwollen . . . . spuchnięty [spuchnjänti]
Geschwür . . . . wrzód [wschut]
Gesicht . . . . twarz *f* [tfasch]
Grippe . . . . grypa [gripa]
Hals . . . . gardło [garduo]
~schmerzen . . . . ból gardła [bul gardua]
Hand . . . . ręka [ränka]
Haut . . . . skóra [skura]
Herz . . . . serce [särzä]
~anfall . . . . atak serca [atak särza]
~beschwerden . . . . dolegliwości sercowe [dollägliwoschtschi särzowwä]
~fehler . . . . wada serca [wada särza]
~infarkt . . . . zawał serca [sawau särza]
~schrittmacher . . . . . . rozrusznik serca [rossruschnjik särza]
Hexenschuss . . . . postrzał [posstschau]
Hüfte . . . . biodro [bjoddro]
Husten . . . . kaszel [kaschäl]
Impfung . . . . szczepienie [schtschäpänjä]

Infektion . . . . infekcja [infäkzja]
Ischias . . . . rwa kulszowa [rwa kulschowwa]
Kinderlähmung . . . . paraliż dziecięcy [paralisch dsiätschänzi]
Knie . . . . kolano [kollano]
Knöchel . . . . kostka [kosstka]
Knochen . . . . kość *f* [koschtsch]
~bruch . . . . złamanie kości [suamanjä koschtschi]
Kolik . . . . kolka [kollka]
Kopf . . . . głowa [guowwa]
~schmerzen . . . . bóle głowy [bulä guowwi]
Krampf . . . . kurcz [kurtsch], skurcz [skurtsch]
krank . . . . chory [chorri]
Kranken|haus . . . . szpital [schpital]
~schein . . . . poświadczenie ubezpieczenia na wypadek choroby [poschfattschänjä ubäspätschänja na wipadäk chorrobbi]
~schwester . . . . pielęgniarka [pälängnjarka]
Krankheit . . . . choroba [chorrobba]
Krebs . . . . rak [rak]
Kreislaufstörung . . . . zaburzenia krążeniowe [sabuschänja kronschänjowwä]
Kur . . . . kuracja [kurazja]
Lähmung . . . . paraliż [paralisch]
Lebensmittelvergiftung . . . zatrucie pokarmowe [satrutschä pockarmowwä]
Leber . . . . wątroba [wonntrobba]
Leistenbruch . . . . przepuklina [pschäpuklina]
Lippe . . . . warga [warga]
Loch *(im Zahn)* . . . . dziura (w zębie) [dsiura (w sämbä)]
Lunge . . . . płuca *pl* [puuza]
Magen . . . . żołądek [schouonndäk]
~schmerzen . . . . bóle żołądka [bulä schouonntka]
Mandeln . . . . migdałki [migdauki]
Masern . . . . odra [oddra]
Menstruation . . . . miesiączka [mäschonntschka], menstruacja [mänstruazja]
Migräne . . . . migrena [migräna]
Mittelohrentzündung . . . . zapalenie ucha środkowego [sapalänjä ucha schrottkowwägo]
Mumps . . . . zapalenie przyusznicy [sapalänjä pschiuschnjizi], *fam* świnka [schfinka]
Mund . . . . usta *pl* [usta]
Muskel . . . . mięsień [mänschänj], muskuł [muskuw]
Narbe . . . . blizna [blisna]
Narkose . . . . narkoza [narkossa]
Nase . . . . nos [noss]
Nerv . . . . nerw [närf]
nervös . . . . nerwowy [närwowwi]
Nieren|entzündung . . . . . zapalenie nerek [sapalänjä näräk]
~stein . . . . kamica nerkowa [kamiza närkowwa]

Ohnmacht	utrata przytomności [utrata pschitommnoschtschi]
Ohr	ucho [ucho]
Operation	operacja [oppärazja]
Plombe	plomba [plommba]
Pocken	ospa [osspa]
Praxis	gabinet lekarski [gabinät läkarski]
Prellung	stłuczenie [stuutschänjä]
Prothese	proteza [prottäsa]
Puls	puls [puls]
Quetschung	stłuczenie [stuutschänjä]
Rheuma	reumatyzm [räumatism]
Rippe	żebro [schäbro]
röntgen	prześwietlać [pschäschfätlatsch]
Röteln	różyczka [ruschitschka]
Rücken	plecy *pl* [pläzi]
~schmerzen	bóle pleców [bulä pläzuf]
Salmonellen	salmonella [salmonnälla]
Schädel	czaszka [tschaschka]
Scharlach	szkarlatyna [schkarlatina]
Schlaflosigkeit	bezsenność *f* [bässännoschtsch]
Schlaganfall	udar mózgu [udar musgu]
Schlüsselbein	obojczyk [obbojjtschik]
Schmerzen	bóle [bulä]
Schnittwunde	rana cięta [rana tschänta]
Schnupfen	katar [katar]
Schulter	bark [bark], ramię *n* [ramän]
Schüttelfrost	dreszcze *pl* [dräschtschä]
Schwangerschaft	ciąża [tschonscha]
Schwellung	obrzęk [obbschänk]
Schwindel	zawrót głowy [sawrut guowwi]
schwitzen	pocić się [pottschitsch schän]
Sonnenstich	porażenie słoneczne [porraschänjä suonnätschnä]
Speiseröhre	przełyk [pschäuik]
Sprechstunde	godziny *pl* przyjęć [goddsini pschijänjtsch]
Spritze	zastrzyk [sastschik]
Stich	kłócie [kuutschä], ból kłuty [bul kuuti]
Stirnhöhlenentzündung	zapalenie zatok czołowych [sapalänjä satock tschouowwich]
Stuhlgang	stolec [stolläz]
Tetanus	tężec [tänschäz]
Trommelfell	bębenek [bämbänäk]
Typhus	tyfus [tifus], dur [dur]
Übelkeit	mdłości *pl* [mduoschtschi]
Ultraschalluntersuchung	badanie ultradźwiękowe [badanjä ultradsiwänkowwä]
Unterleib	podbrzusze [poddbschuschä]
Untersuchung	badanie [badanjä]
Urin	mocz [mottsch]

Verband	opatrunek [oppatrunäk]
verbinden	opatrzeć [oppatschätsch]
	zabandażować [sabandaschowwatsch]
Verbrennung	oparzenie [oppaschänjä]
Verdauung	trawienie [trawänjä]
Vergiftung	zatrucie [satrutschä]
verletzen	skaleczyć [skalätschitsch]
Verletzung	skaleczenie [skalätschänjä]
verschreiben	zapisać [sapissatsch]
verstaucht	skręcony [skränzonni]
Verstopfung	zatwardzenie [satfardsiänjä]
Virus	wirus [wirus]
Wartezimmer	poczekalnia [pottschäkalnja]
weh tun	boleć [bollätsch]
Windpocken	ospa wietrzna [osspa wätschschna]
Wunde	rana [rana]
Zahn	ząb [sommp]
Zehe	paluch [paluch]
Zerrung	nadwerężenie [nadwäränschänjä]
ziehen *(Zahn)*	wyrwać (ząb) [wirwatsch (sommp)]
Zunge	język [jänsik]

BANK/GELDWECHSEL — BANK [bank]

Wo ist hier bitte …	Gdzie tu jest … [gdsiä tu jäst …]
… eine Bank?	… bank? [bank]
… eine Wechselstube?	… kantor (wymiany walut)? [kantorr (wimjani walut)]
Ich möchte … Euro/ Schweizer Franken in Zloty wechseln.	Chciałbym/*f* chciałabym wymienić … euro/franków szwajcarskich na złotych. [chtschaubim/chtschauabim wimänjitsch … äuro/ frankuf schfajzarskich na suotich]
Ich möchte … einlösen.	Chciałbym/chciałabym zrealizować … [chtschaubim/chtschauabim sräalisowwatsch …]
diesen Reisescheck	ten czek podróżny. [tän tschäk poddruschni]
Ihre Scheckkarte, bitte.	Proszę pańską/pani kartę czekową. [proschän panjskon/panji kartän tschäkowwon]
Darf ich bitte Ihren Pass/Ausweis sehen?	Czy mogę zobaczyć pana/pani paszport/ dowód osobisty? [tschi moggän sobbatschitsch pana/panji paschporrt/dowwut ossobbisti]
Würden Sie bitte hier unterschreiben?	Czy może pan/pani tu podpisać? [tschi moschä pan/panji tu pottpissatsch]

Kantor

Als solchen bezeichnet man im Polnischen keinen Kirchenmusiker, sondern die überall zu findenden Geldwechselstuben. Manchmal sind sie in kleinen Läden untergebracht. Auch in jeder Bank und in jedem Postamt befindet sich ein „Kantor". Vergleichen Sie unbedingt die Kurse!

auszahlen	wypłacać/wypłacić [wipuazatsch/wipuatschitsch]
Bank	bank [bank]
Betrag	suma [suma]
Chipkarte	chipkarta [tschipkarta]
Euro	euro [äuro]
Geld	pieniądze *pl* [pänjonndsiä]
~automat	automat bankowy [autommat bankowwi]
~schein	banknot [banknott]
~wechsel	wymiana pieniędzy [wimjana pänjändsii]
Kleingeld	drobne *pl* [drobbnä]
Kreditkarte	karta kredytowa [karta kräditowwa]
Kurs	kurs [kurs]
Münze	moneta [monnäta]
Reisescheck	czek podróżny [tschäk poddruschni]
Schalter	okienko [ockänko]
Scheck	czek [tschäk]
~karte	karta czekowa [karta tschäkowwa]
Schweizer Franken	frank szwajcarski [frank schfajzarski]
umtauschen	wymieniać [wimänjatsch]
Unterschrift	podpis [pottpis]
Währung	waluta [waluta]
Wechselkurs	kurs wymiany [kurs wimjani]
Zahlung	opłata [oppuata], płatność [puatnoschtsch]

FUNDBÜRO	**BIURO RZECZY ZNALEZIONYCH** [bjuro schätschi snaläsionnich]
Wo ist das Fundbüro, bitte?	Gdzie jest biuro rzeczy znalezionych? [gdsiä jäst bjuro schätschi snaläsionnich]
Ich habe ... verloren.	Zgubiłem/zgubiłam ... [sgubiuäm/sgubiuam]
Benachrichtigen Sie mich bitte, wenn sie gefunden werden sollte.	Proszę mnie zawiadomić, jeżeli będzie znalezion-a/y. [proschän mnjä sawjadommitsch, jäschäli bänjdsiä snaläsionna/i]

Hier ist meine Hotelanschrift.	Tu jest adres mojego hotelu. [tu jäst adräs mojjägo chottälu]

NAHVERKEHR	**KOMUNIKACJA MIEJSKA** [kommunjkazja mäjska]
Bitte, wo ist die nächste …	Przepraszam, gdzie tu jest następny …? [pschäprascham, gdsiä tu jäst nastämpni]
Bushaltestelle?	przystanek autobusowy [pschistanäk autobbussowwi]
Straßenbahnhaltestelle?	przystanek tramwajowy [pschistanäk tramwajowwi]
U-Bahnstation?	przystanek metra [pschistanäk mätra]
Welche Linie fährt nach …?	Którą linią dojadę do …? [kturon linjon dojjadän do]
Wann fährt der Bus ab?	Kiedy odjeżdża autobus? [kädi oddjäschdscha autobbus]
Wo fährt der Bus ab?	Gdzie odjeżdża autobus? [gdsiä oddjäschdscha autobbus]
Bitte, einen Fahrschein nach …	Poproszę bilet do … [popproschän bilät do]

Abfahrt	odjazd [oddjast]
aussteigen	wysiadać [wischadatsch]
Bus	autobus [autobbus]
einsteigen	wsiadać [fschadatsch]
Endstation	stacja końcowa [stazja konjzowwa]
Fahrler	pasażer/ka [passaschär/ka]
~kartenautomat	automat do biletów [autommat do bilätuf]
~preis	cena biletu [zäna bilätu]
~schein	bilet [bilät]
Haltestelle	przystanek [pschistanäk]
Kontrolleur	kontroler [konntrollär]
lösen *(Fahrschein)*	kupić bilet [kupitsch bilät]
Straße	ulica [uliza]
Straßenbahn	tramwaj [tramwaj]
U-Bahn	metro [mätro]

POLIZEI	**POLICJA** [pollisja]
Wo ist bitte das nächste Polizeirevier?	Gdzie jest najbliższy komisariat policji? [gdsiä jäst najblischschi kommissarjat pollizji]
Ich möchte einen … anzeigen.	Chciałbym/*f* chciałabym zgłosić … [chtschaubim/chtschauabim sguoschitsch]
Diebstahl	kradzież. [kradsiäsch]
Verlust	zgubę. [sgubän]
Unfall	wypadek. [wipadäk]

Mir ist … gestohlen worden.	Ukradziono mi … [ukradsionno mi]
die Handtasche	torebkę. [torräpkän]
die Brieftasche	portfel. [porrtfäl]
mein Fotoapparat	mój aparat fotograficzny. [muj aparat fottoggrafitschni]
mein Auto	moje auto. [mojjä auto]
mein Fahrrad	mój rower. [muj rowwär]
Mein Auto ist aufgebrochen worden.	Włamano się do mojego auta. [wuamano schän do mojjägo auta]
Mein Sohn/Meine Tochter ist verschwunden.	Nie ma mojego syna/mojej córki. [njä ma mojjägo sina/mojjäj zurki]
Können Sie mir bitte helfen?	Czy może mi pan/pani pomóc? [tschi moschä mi pan/panji pommuz]
Ihren Namen und Ihre Anschrift, bitte.	Pana/pani nazwisko i adres proszę. [pana/panji naswisko i adräss proschän]
Wenden Sie sich bitte an das …	Proszę zwrócić się do … [proschän swrutschitsch schän do]
deutsche Konsulat.	niemieckiego konsulatu. [njämäzkägo konnsulatu.]
österreichische Konsulat.	austriackiego konsulatu. [austrjazkägo konnsulatu.]
Schweizer Konsulat.	szwajcarskiego konsulatu. [schfajzarskägo konnsulatu.]

anzeigen	zgłaszać/zgłosić [sguaschatsch/sguoschitsch]
aufbrechen	włamać się [wuamatsch schän]
Auto|radio	radio samochodowe [radjo samochoddowwä]
~schlüssel	kluczyk do samochodu [klutschik do samochoddu]
belästigen	napastować [napastowwatsch]
beschlagnahmen	skonfiskować [skonnfiskowwatsch]
Brieftasche	portfel [porrtfäl]
Dieb	złodziej [suoddsiäj]
~stahl	kradzież [kradsiäsch]
Gefängnis	więzienie [wänsiänjä]
Geld	pieniądze *pl* [pänjonndsiä]
Geldbörse	portmonetka [porrtmonnätka]
Gericht	sąd [sont]
Papiere	papiery [papäri]
Personalausweis	dowód osobisty [dowwut ossobbisti]
Polizei	policja [pollizja]
Polizist/in	policjant/ka [pollizjant/ka]
Rauschgift	narkotyk [narkottik]
Rechtsanwalt/anwältin	adwokat [adwockat]
Reisepass	paszport [paschporrt]
Richter/in	sędzia *m*/sędzina [sänjdsia/sänjdsina]

Scheckkarte	karta czekowa [karta tschäkowwa]
Taschendieb	złodziej kieszonkowy [suoddsiäj käschonnkowwi]
Überfall	napad [napat]
Verbrechen	przestępstwo [pschästämpstfo]
Vergewaltigung	gwałt [gwaut]
verhaften	aresztować [aräschtowwatsch]
verlieren	zgubić [sgubitsch]
zusammenschlagen	bić/pobić [bitsch/pobitsch]

POST — NA POCZCIE [na potschtchä]

Wo ist …	Gdzie jest … [gdsiä jäst]
das nächste Postamt?	najbliższa poczta? [najblischscha pottschta]
der nächste Briefkasten?	najbliższa skrzynka pocztowa? [najblischscha skschinka pottschtowwa]
Was kostet ein Brief/ eine Postkarte …	Ile kosztuje list/pocztówka … [ilä koschtujä list/pottschtufka]
… nach Deutschland?	do Niemiec? [do njämäz]
… nach Österreich?	do Austrii? [do austrji]
… in die Schweiz?	do Szwajcarii? [do schfajzarji]
Wie lange braucht ein Brief nach Deutschland?	Jak długo idzie list do Niemiec? [jak duugo idsiä list do njämäz]

Absender	nadawca [nadafza]
Adresse	adres [adräs]
aufgeben	nadać [nadatsch]
Brief	list [list]
~kasten	skrzynka pocztowa [skschinka pottschtowwa]
~marke	znaczek pocztowy [snatschäk pottschtowwi]
~umschlag	koperta [koppärta]
Eilbrief	ekspres [äkspräs]
Empfänger	odbiorca [oddbjorrza]
Formular	formularz [forrmulasch], druczek [drutschäk]
frankieren	frankować [frankowwatsch] nalepić znaczek [naläpitsch snatschäk]
Gebühr	opłata [oppuata]
Gewicht	waga [waga]
Hauptpostamt	poczta główna [pottschta guuwna]
Leerung	wyjmowanie listów [wijmowwanjä listuf]
Luftpost, mit	poczta lotnicza [pottschta lottnjitscha] pocztą lotniczą [pottschton lottnjitschon]
Paket	paczka [patschka]
Porto	porto [porrto], opłata [oppuata]
Post|amt	poczta [pottschta]
~leitzahl	kod pocztowy [kott pottschtowwi]
Schalter	okienko [ockänko]

TAXI	TAKSÓWKA [taksufka]

Taxi auf Bestellung

Insider Tipp

In vielen Städten ist es billiger, ein Taxi telefonisch zu bestellen. Selbst wenn ein Taxistand „postój taksówek" [postui taksuwäk] um die Ecke ist, lohnt es sich, ein Taxiunternehmen anzurufen.

Wo ist der nächste Taxistand?	Gdzie jest następny postój taksówek? [gdsiä jäst nastämpni posstuj taksufäk]
Zum Bahnhof.	Na dworzec. [na dwoschäz]
Zum … Hotel.	Do hotelu … [do chottälu]
In die …-Straße.	Na ulicę … [na ulizän]
Nach …, bitte.	Poproszę do … [popproschän do]
Wie viel kostet es nach …?	Ile kosztuje do …? [ilä koschtujä do]
Halten Sie bitte hier.	Proszę się tutaj zatrzymać. [proschän schän tutaj satschimatsch]
Das ist für Sie.	To dla pana/pani. [to dla pana/panji]

Fahrpreis	opłata za przejazd [oppuata sa pschäjast]
Taxifahrer	taksówkarz [taksufkasch]
~stand	postój taksówek [posstuj taksuwäk]
Trinkgeld	napiwek [napiwäk]

TELEFONIEREN	TELEFONOWANIE [täläfonnowanjä]

„Halo, słucham"

Es ist üblich, sich lediglich mit einem „Hallo, ich höre" am Telefon zu melden. Weder bei Behörden oder in Firmen noch zu Hause nennt man seinen Namen. Fragen Sie einfach „Czy to mieszkanie Kowalskich?" [tschi to mjäschkanjä kowalskich] („Ist das die Wohnung der Familie Kowalski?"), wenn Sie nicht sicher sind, ob Sie richtig verbunden sind.

Ich möchte eine Telefonkarte.	Proszę kartę telefoniczną. [proschän kartän täläfonjitschnon~]
Wie ist die Vorwahl von …?	Jaki jest numer kierunkowy do … ? [jaki jäst numär kärunkowwi do]

Bitte ein Ferngespräch nach ...	Zamawiam rozmowę międzymiastową z ... [samawjam rossmowwän mändsiimjastowwon s]
Ich möchte ein R-Gespräch anmelden.	Chciałbym/chciałabym zamówić R-kę. [chtschaubim/chtschauabim samuwitsch ärkän]
Gehen Sie in Kabine Nr....	Proszę iść do kabiny numer ... [proschän ischtsch do kabini numär]
Hier spricht ...	Tu mówi ... [tu muwi]
Hallo, mit wem spreche ich?	Halo, z kim mówię? [chalo, skim muwän]
Kann ich bitte Herrn/Frau/Fräulein ... sprechen?	Czy mogę mówić z panem/z panią/z panną ...? [tschi moggän muwitsch spanäm/spanjon/spannon]
Tut mir Leid, er ist nicht da.	Przykro mi, nie ma go tu. [pschikro mi, njä ma go tu]
Tut mir Leid, sie ist nicht da.	Przykro mi, nie ma jej tu. [pschikro mi, njä ma jäj tu]
Würden Sie ihm/ihr bitte sagen, ich hätte angerufen?	Czy może mu/jej pan/pani powiedzieć, że dzwoniłem/*f* dzwoniłam? [tschi moschä mu/jäj pan/panji powwädsiätsch, schä dsiwonjiuäm/dsiwonjiuam]

abnehmen	odebrać [oddäbratsch]
Anruf	telefon [täläfonn]
anrufen	zadzwonić [sadsiwonjitsch]
Auskunft	informacja [inforrmazja]
Auslandsgespräch	rozmowa międzynarodowa [rossmowwa mändsiinaroddowwa]
besetzt	zajęte [sajäntä]
durchwählen	zadzwonić bezpośrednio [sadswonjitsch bäsposchrädnjo]
Ferngespräch	rozmowa międzymiastowa [rossmowwa mändsiimjastowwa]
Gebühr	opłata [oppuata]
Gespräch	rozmowa [rossmowwa]
Handy	komórka [komurka]
Hörer	słuchawka [suuchafka]
Münzfernsprecher	automat telefoniczny [autommat täläfonjitschni]
Ortsgespräch	rozmowa miejscowa [rossmowwa mäjszowwa]
R-Gespräch	rozmowa r-ka [rossmowwa ärka]
Telefon	telefon [täläfonn]
~buch	książka telefoniczna [kschonschka täläfonjitschna]
~gespräch	rozmowa telefoniczna [rossmowwa täläfonjitschna]

~karte .... karta telefoniczna [karta täläfonjitschna]
~nummer .... numer telefonu [numär täläfonnu]
~zelle .... budka telefoniczna [butka täläfonjitschna]
Verbindung .... połączenie [pouonntschänjä]
Vermittlung .... centrala telefoniczna [zäntrala täläfonjitschna]
Vorwahlnummer .... numer kierunkowy [numär kärunkowwi]
wählen .... nakręcać numer [nakränzatsch numär]

ZOLL/PASS-KONTROLLE — KONTROLA CELNA/KONTROLA PASZPORTOWA [konntrolla zälna/konntrolla paschporrtowna]

Ihren Pass, bitte!	Proszę pana/pani paszport! [proschän pana/panji paschporrt]
Haben Sie ein Visum?	Ma pan/pani wizę? [ma pan/panji wisän]
Haben Sie etwas zu verzollen?	Czy ma pan/pani coś do oclenia? [tschi ma pan/panji zosch do ottslänja]
Nein, ich habe nur ein paar Geschenke.	Nie, mam tylko kilka prezentów. [njä, mam tilko kilka präsäntuf]
Fahren Sie bitte rechts/links heran.	Proszę zjechać na prawo/na lewo. [proschän sjächatsch na prawo/na läwo]

Ausfuhr .... wywóz [wiwus]
Ausreise .... wyjazd [wijast]
Einfuhr .... wwóz [wwus]
Einreise .... wjazd [wjast]
Familien|name .... nazwisko [naswisko]
~stand .... stan cywilny [stan ziwilni]
ledig .... stan wolny [stan wollni]
verheiratet .... żonaty/zamężna [schonnati/samänschna]
verwitwet .... wdowiec/wdowa [wdowwäz/wdowwa]
Führerschein .... prawo jazdy [prawo jasdi]
Geburts|datum .... data urodzenia [data uroddsiänja]
~name .... nazwisko panieńskie [naswisko panjänjskä]
~ort .... miejsce urodzenia [mäjszä uroddsiänja]
gültig .... ważny [waschni]
Nationalitätskennzeichen . znak rozpoznawczy państwa [snak rosspossnaftschi panjstwa]
Personalausweis .... dowód osobisty [dowwut ossobbisti]
Reisepass .... paszport [paschporrt]
Staatsangehörigkeit ..... obywatelstwo [obbiwatälstwo]
Tollwut .... wścieklizna [wschtschäklisna]
Visum .... wiza [wisa]
Vorname .... imię [imjän]
Wohnort .... miejsce zamieszkania [mäjszä samäschkanja]
Zoll .... cło [zuo]
~frei .... wolne od cła [wollnä ott zua]
~pflichtig .... podlegający ocleniu [poddlägajonzi ottslänju]

Bloß nicht!

Diese Ausdrücke sollten Sie kennen, damit Sie wissen, wie Ihr Gesprächspartner Sie eventuell betitelt. Vorsicht: Für die Folgen eines unsachgemäßen Gebrauchs kann der Verlag nicht haftbar gemacht werden!

Ty głupi idioto! [ti guupi idotto]	Du blöder Idiot!
Ty durniu! [ti durnju]	Du Trottel!
Głupia świnia! [guupa schwinja]	Blöde Sau!
Gówniarz! [guwnjasch]	Scheißkerl!
Dupa! [dupa]	Arschloch!
Pocałuj mnie w d … ! [pottsauuj mnjä fd …]	Du kannst mich mal …
Półgłówek! [puwguuwäk]	Schwachkopf!
Głupia baba! [guupa baba]	Blödes Weibstück!
Gówno! [guwno]	Scheiße! Scheißdreck!
Psiakrew! [pschakräf]	Verdammt!
Gówno zrobię! [guwno srobbän]	Einen Scheißdreck werde ich tun!
To jest przesrane! [to juäst pschässranä]	Das ist beschissen!
Sram na to! [sram na to]	Ich scheiße darauf!
Nie chrzań! [njä chschanj]	Red' doch keinen Quatsch!
Idź do diabła! [idsi do dabua]	Geh zum Teufel!
Spieprzaj! [späpschaj]	Verpiss dich!
Wpaprać się w gówno! [fpapratsch schän fguwno]	In der Scheiße sitzen!
Świństwo! [schwinjstwo]	Schweinerei!
Cholera! [chollära]	Verflucht!

Vorsicht mit den Worten „Hure" – „Kurwa" [kurwa] und „Hurensohn" – „Skurwysyn" [skurwisin]. Diese sind auf Polnisch die schlimmsten Beleidigungen. Trotzdem können Sie diese Ausdrücke oft zu hören bekommen. Das bedeutet jedoch nicht, dass Sie persönlich gemeint werden. Besonders bei so manchen Männern haben diese Begriffe die Funktion von unbedachten Füllwörtern in komplexen Sätzen erlangt.

Die 1333 wichtigsten Wörter

Die hinter der polnischen Übersetzung aufgeführten Zahlen verweisen auf die entsprechenden Seiten der themenbezogenen Kapitel.

A

ab od [ott]
abbestellen odwołać zamówienie [oddwouatsch samuwjänjä]
Abend wieczór [wätschur]
aber ale [alä]
Abfahrt odjazd [oddjast] ➢ 31, 101
Abflug odlot [oddlott] ➢ 29
ablaufen upłynąć [upuinontsch]
ablehnen odmówić [oddmuwitsch]
Abreise odjazd [oddjast] ➢ 70
abreisen (nach) odjechać (do) [oddjächatsch (do)]
Abschied pożegnanie [poschägnanjä] ➢ 11
abschleppen odholować [otchollowwatsch] ➢ 23, 25
Absender nadawca [nadafza] ➢ 103
abwärts w dół [wduw]
Achtung Uwaga! [uwaga]
Adresse adres [adräs] ➢ 103
alle wszyscy [fschiszi]
allein sam [sam]
alles wszystko [fschistko]
als *(zeitlich)* kiedy, gdy [kädi, gdi]; *(beim Komparativ)* niż [njisch]
also więc [wänz]
alt stary [stari]
Alter wiek [wäk] ➢ 8
Amt urząd [uschonnt]
anbieten proponować [propponnowwatsch]
andere, der, die, das ~ inn-y/a/e [inn-i/a/ä]
ändern zmienić [smänjitsch]
anders inaczej [inatschäj]
Anfang początek [pottschonntäk]
Angst strach [strach], lęk [länk]
anhalten zatrzymać [satschimatsch]
ankommen przyjechać [pschijächatsch], przybyć [pschibitsch] ➢ 32
Ankunft przyjazd [pschijast], przylot [pschilott] ➢ 29
Anmeldung zameldowanie [samäldowwanjä]
Anreisetag dzień przyjazdu [dsiänj pschijasdu]
Anruf telefon [täläfonn] ➢ 105
anrufen telefonować [täläfonnowwatsch]
Anschluss połączenie [pouonntschänjä] ➢ 29, 31
Anschrift adres [adräs]
anstatt zamiast [samiast]
anstrengend męczący [mäntschonnzi]
antworten odpowiedzieć [ottpowwjädsiätsch]
Apotheke apteka [aptäka] ➢ 53ff., 65
Appetit apetyt [apätit]
arbeiten pracować [prazowwatsch]
ärgern, s. ~ (über) złościć się (na) [suoschtschitsch schän (na)]
arm biedny [bädni]
Art rodzaj [roddsiaj]
Arzt lekarz [läkasch] ➢ 94ff.
auch też [täsch]
auf na [na]; *(offen)* otwarty [ottfarti]
aufbrechen *(weggehen)* wyruszyć [wiruschitsch]
Aufenthalt nadać [nadatsch]
aufhören przestać [pschästatsch]
aufpassen (auf) uważać (na) [uwaschatsch (na)]
aufstehen wstać [fstatsch]
Augenblick moment [mommänt]
aus *(Richtung, Material)* z, ze [s, sä]
Ausfahrt wyjazd [wijast]; *(Autobahnausfahrt)* zjazd z autostrady [sjast s autosstradi]
Ausflug wycieczka [witschätschka] ➢ 78
ausfüllen wypełnić [wipäunjitsch]
Ausgang wyjście [wijschtschä]
Auskunft informacja [inforrmazja] ➢ 22, 29, 31, 33, 101
Ausländer/in cudzoziem-iec/ka [zudsiosiäm_jäz/ka]
außen na zewnątrz [na säwnontsch], zewnątrz [säwnontsch]
außer poza [possa]
außerdem poza tym [possa tim]
Aussicht widok [widock]
aussprechen wymówić [wimuwitsch]
aussteigen wysiadać [wischadatsch] ➢ 32, 101
Ausweis *(Personal~)* dowód osobisty [dowut ossobbisti]
Auto samochód [samochut], auto [auto]
Auto fahren jeździć samochodem [jäsidsitsch samochoddäm] ➢ 21ff.

B

Baby baby [bäbi], dziecko [dsiäzko] ➢ 87ff.
Bahnhof dworzec [dwoschäz] ➢ 31f.
bald wkrótce [fkrutzä]
Bank *(Geldinstitut)* bank [bank] ➢ 99f.; *(Sitz~)* ławka [uafka]
Bar bar [bar] ➢ 79f.
Baum drzewo [dschäwo]
beachten przestrzegać [pschästschägatsch], uważać na coś [uwaschatsch na zosch]
Beanstandung reklamacja [räklamazja] ➢ 38, 69
beantworten odpowiedzieć [ottpowwädsiätsch]
bedeuten znaczyć [snatschitsch], mieć znaczenie [mätsch snatschänjä]
Bedienung obsługa [oppsuuga]
beenden zakończyć [sakonjtschitsch]
befinden, s. ~ znaleźć się [snaläschtsch schän]
befreundet sein być zaprzyjaźnionym [bitsch sapschijasinjonnim]
befürchten obawiać się [obbawjatsch schän]

begegnen spotkać (kogoś) [spottkatsch (koggosch)]
beginnen zaczynać [satschinatsch]
begleiten towarzyszyć [towwaschischitsch]; **jdn nach Hause ~** odprowadzić kogoś do domu [ottprowwadsitsch koggosch do dommu]
begrüßen powitać [powwitatsch], kłaniać się [kuanjatsch schän] ➢ 6f.
behalten zatrzymać [satschimatsch]
Behörde urząd [uschonnt], instytucja [instituzja]
bei *(in der Nähe)* w pobliżu [f pobblischu]; **~ jdm sein** być u kogoś [bitsch u koggosch]
beide obaj/obie/oboje [obbaj/obbjä/obbojjä]
Beileid kondolencje [konndollänzjä], współczucie [fspuwtschutschä]
Beispiel przykład [pschikuat]
beißen gryźć [grischtsch]
beklagen, s. ~ *(über)* skarżyć się (na) [skarschitsch schän (na)]
belästigen zaczepiać [satschäpatsch], naprzykrzać się [napschikschatsch schän] ➢ 102
beleidigen obrazić [obbrasitsch]
benachrichtigen zawiadomić [sawadommitsch]
benötigen potrzebować [pottschäbowwatsch]
benutzen użyć [uschitsch]
Benzin benzyna [bänsina] ➢ 22, 25
Berg góra [gura]
Beruf zawód [sawut]
beruhigen, s. ~ uspokoić się [uspockoitsch schän]
beschädigen uszkodzić [uschkoddsitsch], psuć [psutsch]
bescheinigen zaświadczyć [saschfattschitsch]
beschlagnahmen skonfiskować [skonnfiskowwatsch]
beschließen postanowić [posstanowwitsch]
beschweren, s. ~ *(über)* poskarżyć się (na) [posskarschitsch schän (na)]
besetzt zajęty [sajänti] ➢ 32
besichtigen zwiedzić [swädsitsch]
Besichtigung zwiedzanie [swädsianjä] ➢ 77ff.
besitzen posiadać [poschadatsch], mieć [mätsch]
Besitzer posiadacz [poschadatsch], właściciel [wuaschtschitschäl]
besorgen postarać się [posstaratsch schän]
bestätigen potwierdzić [pottfärdsitsch]
Besteck sztućce [schtutschzä] ➢ 38
Bestellung zamówienie [samuwjänjä] ➢ 36ff.
bestimmt *adj* pewny [päwni]; *adv* na pewno [na päwno]
besuchen, jdn ~ odwiedzić kogoś [oddwädsitsch koggosch]
Betrag kwota [kfotta], suma [suma]
betreten wejść [wäjschtsch]
betrinken, s. ~ upić się [upitsch schän]
betrügen oszukać [oschukatsch]
betrunken pijany [pijani]
Bett łóżko [uuschko] ➢ 69f.
Bewohner mieszkaniec [mäschkanjäz]
bewusstlos nieprzytomny [njäpschitommni] ➢ 95
bezahlen zapłacić [sapuatschitsch]
Biene pszczoła [pschtschoua]
Bild obraz [obbras]; *(Foto)* zdjęcie [sdjänjtschä]
billig tani [tanji]
bis do [do]
Bisschen, ein ~ trochę [trochän], troszeczkę [troschätschkän]
bitte proszę [proschän] ➢ 6, 8; **wie ~?** słucham? [suucham] ➢ 6
Bitte prośba [prosiba]
bitten, jdn um etwas ~ kogoś poprosić o coś [koggosch popproschitsch o zosch]
blau niebieski [njäbäski]
bleiben (po)zostać [(po)sosstatsch]
Blitz błyskawica [buiskawiza] ➢ 20
Blume kwiat [kwat]
Blut krew [kräf] ➢ 96
Boden ziemia [siäma], grunt [grunt]; *(Fuß~)* podłoga [podduogga]
Boot łódź [uutsch] ➢ 84
böse zły [sui]
Botschaft wiadomość *f* [wadommoschtsch]; *(dipl. Vertretung)* ambasada [ambassada]
Brand pożar [poschar]
brauchen potrzebować [pottschäbowwatsch]
brechen łamać [uamatsch], przełamywać [pschäuamiwatsch]
breit szeroki [schäroki]
Bremse hamulec [chamuläz] ➢ 23
brennen *(transitiv)* spalić [spalitsch]; *(intransitiv)* palić się [palitsch schän]
Brief list [list] ➢ 103
Brieftasche portfel [porrtfäl] ➢ 102
Brille okulary *pl* [ockulari] ➢ 62
bringen *(her~)* przynieść [pschinjäschtsch]; *(weg~)* zanieść [sanjäschtsch]
Bruder brat [brat]
Buch książka [kschonschka]
buchstabieren literować [litärowwatsch]
Bucht zatoka [satocka]
Buchung rezerwacja [räsärwazja] ➢ 29, 33
Büro biuro [buro]

C

Café kawiarnia [kawarnja]
Camping kemping [kämpink] ➢ 72f.
Chef szef [schäf]
Cousin/e kuzyn/ka [kusin/ka]

D

da *(dort)* tam [tam]; *(hier)* tu [tu], tutaj [tutaj]; *(dann)* wtedy [ftädi]; *(weil)* ponieważ [ponjäwasch]
dafür sein być za tym [bitsch sa tim]
dagegen sein być przeciw [bitsch pschätschif]
daheim w domu [w dommu]
daher *(Grund)* dlatego [dlatägo]
damals wtedy [ftädi]
Dame dama [dama]
danach potem [pottäm]
danken podziękować [poddsiänkowwatsch]
dann potem [pottäm]
da sein *(anwesend)* być obecnym [bitsch obbäznim]
dasselbe to samo [to samo]
Datum data [data] ➢ 18
Dauer trwanie [trwanjä], okres [ockräs]
dauern trwać [trwatsch]
Decke *(Bett~)* kołdra [koudra]; *(Zimmer~)* sufit [sufit]
defekt zepsuty [säpsuti] ➢ 24
dein(e) twój/twoja/twoje [tfuj/tfojja/tfojjä]
denken an myśleć o [mischlätsch o]
denn ponieważ [ponjäwasch], gdyż [gdisch]
deshalb ponieważ [ponjäwasch], gdyż [gdisch]
Deutsche, der/die ~ Niemiec [njämäz]/ Niemka [njämka]

Deutschland Niemcy [njämzi]
dich cię [tschän], ciebie [tschäbä]
dick gruby [grubi]
Diebstahl kradzież [kradsiäsch] ➢ 101f.
diese(r, -s) ta, ten, to [ta, tän, to]
Ding rzecz [schätsch]
dir tobie [tobbä]
Direktor dyrektor [diräktorr]
Disko dyskoteka [diskottäka] ➢ 79f.
doch ależ tak [aläsch tak]; *(trotzdem)* jednak [jädnak]
Doktor doktor [docktorr]
doppelt podwójny [poddwujni]
Dorf wieś *f* [wäsch]
draußen *(außerhalb eines Raumes, Gebäudes)* na dworze [na dwoschä]
drin, drinnen w środku [f schrottku], wewnątrz [wäwnontsch]
dringend pilnie [pilnjä]
Drogerie drogeria [droggärja] ➢ 55, 65
du ty [ti]
dumm głupi [guupi]
dunkel ciemny [tschämni]
dünn cienki [tschänki]; *(schlank)* szczupły [schtschupui]
durch przez [pschäs]
Durchgang przejście [pschäjschtschä]
Durchreise przejazd [pschäjast]; **auf der ~** przejazdem [pschäjasdäm]
durchschnittlich *adj* przeciętny [pschätschäntni]; *adv* przeciętnie [pschätschäntnjä]
dürfen móc [muz]
durstig spragniony [spragnjonni]

E

eben *(flach)* równy [ruwni], płaski [puaski]; *(zeitlich)* dopiero co [doppäro zo]
Ebene równina [ruwnjina]
echt prawdziwy [prawdsiwi]
Ecke róg [ruk]
Ehe małżeństwo [mauschänjstfo]
Ehefrau żona [schonna], małżonka [mauschonnka]
Ehemann mąż [monsch], małżonek [mauschonnäk]
Ehepaar małżeństwo [mauschänjstfo]
Ei jajko [jajko] ➢ 45
Eigenschaft właściwość *f* [wuaschtschiwoschtsch]
Eigentümer właściciel [wuaschtschitschäl]
eilig pośpieszny [poschpäschni]
ein(e) jeden (jedna, jedno) [jädän (jädna, jädno)]
Einfuhr wwóz [wwus] ➢ 106
Eingang wejście [wäjschtschä]
einige kilka [kilka], niektórzy [njäktuschi]
einigen, s. ~ z/jednoczyć się [s/ jädnottschitsch schän]
einkaufen robić zakupy [robbitsch sakupi], kupować [kupowwatsch] ➢ 51ff.
einladen zaprosić [saproschitsch]
einmal raz [ras]
einreisen wjechać (do jakiegoś kraju) [wjächatsch (do jakägosch kraju)]
eins jeden [jädän]
einsam samotny [samottni]
eintreten wejść [wäjschtsch]
Eintrittskarte bilet wstępu [bilät fstämpu] ➢ 82
Einwohner mieszkaniec [mäschkanjäz]
Eisenbahn kolej (żelazna) [kolläj (schälasna)]
Elektrohandlung sklep z artykułami elektrycznymi [skläp sartikuwami äläktritschnimi] ➢ 56
Eltern rodzice [roddsizä]
Empfang *(Rezeption)* recepcja [räzäpzja]; *(Essen)* przyjęcie [pschijäntschä]
Empfänger odbiorca [oddbjorrza] ➢ 103
empfehlen polecić [pollätschitsch]
enden zakończyć się [sakonjtschitsch schän]
endgültig ostateczny [osstatätschni]
endlich nareszcie [naräschtschä]
englisch angielski [angälski]
Enkel/in wnuk/wnuczka [wnuk/wnutschka]
Enkel
entdecken odkryć [ottkritsch]
entfernt oddalony [odddalonni], odległy [oddlägui]
entgegengesetzt przeciwstawny [pschätschifstawni]
entlang wzdłuż [wsduusch]
entscheiden rozstrzygnąć [rosstschignontsch]
entschließen, s. ~ zdecydować się [sdäzidowwatsch schän]
Entschluss postanowienie [posstanowwänjä], decyzja [däzisja]
entschuldigen przeprosić [pschäproschitsch]
Entschuldigung przeprosiny [pschäproschini]; **~!** przepraszam! [pschäprascham] ➢ 9
enttäuscht rozczarowany [rosstscharowwani]
entweder ... oder albo ... albo [albo ... albo]
entwickeln rozwinąć [rosswinontsch]; **einen Film ~ lassen** dać film do wywołania [datsch film do wiwouanja]
er on [onn]
Erde ziemia [siäma]
Erdgeschoss parter [partär]
ereignen, s. ~ zdarzyć się [sdaschitsch schän]
Ereignis wydarzenie [widaschänjä]
erfreut (über) ucieszony (z) [utschäschonni (s)]
Ergebnis wynik [winjik]
erhalten otrzymać [ottschimatsch], dostać [dosstatsch]
erhältlich do nabycia [do nabitscha]
erholen, s. ~ wypocząć [wipottschontsch]
erkennen rozpoznać [rosspossnatsch]
erklären oświadczyć [oschwattschitsch]
erkundigen, s. ~ dowiedzieć się [dowwädsiätsch schän]
erlauben pozwolić [posswolitsch]
Erlaubnis zezwolenie [säswollänjä]
erledigen załatwić [sauatwitsch]
Ermäßigung zniżka [snjischka] ➢ 31f.
ernst poważny [powwaschni]
erreichen osiągnąć [oschonngnontsch]
Ersatz surogat [suroggat]; *(Schaden~)* odszkodowanie [ottschkoddowwanjä]
erschöpft zmęczony [smäntschoni], wycieńczony [witschänjtschoni]
erschrecken przerazić [pschärasitsch], przestraszyć [pschästraschitsch]
ersetzen zastąpić [sastommpitsch]; *(Unkosten)* zwrócić [swrutschitsch]
erst *(zuerst)* najpierw [najpärf]; *(nicht früher als)* dopiero [doppäro]
Erwachsene(r) dorosł-a/y [dorrossu-a/i]
erzählen opowiedzieć [oppowwädsiätsch]
Erziehung wychowanie [wichowwanjä]
es ono [onno]
es gibt jest/są [jäst/son]

essbar jadalny [jadalni]
Essen jedzenie [jädsiänjä] ➢ 35ff., 58ff.
essen jeść [jäschtsch]
etwa około [ockouo]
etwas coś [zosch]; *(ein wenig)* trochę [trochän]
euch *(Akkusativ)* was [was]; *(Dativ)* wam [wam]
euer, eure wasz(a, e) [wasch(a, ä)]
Europa Europa [äuroppa]
Europäer/in Europejczyk [äuroppäjtschik], Europejka [äuroppäjka]

F

Fabrik fabryka [fabrika]
fahren jeździć [jäsidsitsch]
Fahrkarte bilet [biläṭ] ➢ 32, 101
Fahrplan rozkład jazdy [rosskuat jasdi] ➢ 32
Fahrrad rower [rowwär] ➢ 22ff.
Fahrstuhl winda [winda]
Fahrt jazda [jasda]
fallen upaść [upaschtsch]
falsch *(unrichtig)* błędny [buändni]; *(betrügerisch)* fałszywy [fauschiwi]
Familie rodzina [roddsina]
Familienname nazwisko [naswisko] ➢ 106
Farbe kolor [kollorr]
faul leniwy [länjiwi]; *(Obst)* zgniły [sgnjiui]
fehlen brakować [brakowwatsch]
Fehler *(den man macht)* błąd [buonnt]; *(den man hat)* brak [brak]
Feiertag święto [schwänto]; *(kein Arbeitstag)* wolny dzień od pracy [wollni dsiänj ott prazi] ➢ 19
Feld pole [pollä]
Fels skała [skaua]
Ferien wakacje [wakazjä]
Ferienhaus dom wczasowy [domm ftschassowwi] ➢ 71f.
Ferngespräch rozmowa międzymiastowa [rossmowwa mändsiimjastowwa] ➢ 105
fertig gotowy [gottowwi]
Fest święto [schwänto]
Festland ląd [lonnt]
fett tłusty [tuusti]
feucht wilgotny [wilgottni]
Feuer ogień [oggänj]
Feuerlöscher gaśnica [gaschnjiza]
Feuermelder urządzenie służące do szybkiego wezwania straży pożarnej [uschondsiänjä suuschonzä do schipkägo wäswanja straschi poscharnäj]
Feuerwehr straż pożarna [strasch poscharna]
Film film [film] ➢ 56, 81f.
finden znaleźć [snaläschtsch]
Firma firma [firma], zakład [sakuat]
Fisch ryba [riba] ➢ 43, 46
Flasche butelka [butälka]
Fleisch mięso [mänso] ➢ 46f., 59
Fliege mucha [mucha]
fliegen latać [latatsch], lecieć [lätschätsch]
fließen płynąć [puinontsch]
Flirt flirt [flirt] ➢ 9ff.
Flug lot [lott] ➢ 29f.
Flughafen lotnisko [lottnjisko] ➢ 29
Flugzeug samolot [samollott] ➢ 30
Fluss rzeka [schäka]
folgen pójść (za kimś) [pujschtsch (sa kimsch)]
fordern żądać [schonndatsch]
Formular formularz [forrmulasch] ➢ 103
fort nieobecny [njäobbäzni]
fortsetzen kontynuować [konntinuowwatsch]
Foto zdjęcie [sdjänjtschä]
Fotoartikel artykuły fotograficzne [artikuwi fottoggrafitschnä] ➢ 56, 66
fotografieren fotografować [fottoggrafowwatsch]
Frage pytanie [pitanjä]
fragen spytać [spitatsch]
frankieren frankować [frankowwatsch] nalepić znaczek [naläpitsch snatschäk] ➢ 103
Frau pani [panji], kobieta [kobbäta]
Fräulein panna [panna]
frei wolny [wollni]; *(kostenlos)* bezpłatny [bäspuatni]
fremd *(nicht eigen)* obcy [oppzi];*(ausländisch)* cudzoziemski [zudsiosiämski]
Fremde, der, die ~ obcy/obca [oppzi/opza]
Fremdenführer przewodnik [pschäwoddnjik]
Freude radość *f* [radoschtsch]
freuen, s. ~ auf cieszyć się na [tschäschitsch schän na]; **s. ~ über** cieszyć się z [tschäschitsch schän s]
Freund/in przyjaciel [pschijatschäl]/ przyjaciółka [pschijatschuwka]
freundlich uprzejmy [upschäjmi]
Freundlichkeit uprzejmość *f* [upschäjmoschtsch]
Friede pokój [pockuj]
frieren marznąć [marsnonjtsch]
frisch świeży [schfäschi]
Friseur fryzjer [frisjär] ➢ 57
froh *(heiter)* wesoły [wäsoui]; *(erfreut, zufrieden)* zadowolony [sadowwollonni]
früh wcześnie [ftschäschnjä]
Frühstück śniadanie [schnjadanjä] ➢ 44f., 69
fühlen czuć [tschutsch]
Führer przewodnik [pschäwoddnjik]
Führerschein prawo jazdy [prawo jasdi]
Führung oprowadzanie [opprowwadsianjä] ➢ 78
Fundbüro biuro rzeczy znalezionych [buro schätschi snaläsionnich] ➢ 100f.
funktionieren funkcjonować [funkzjonnowwatsch]
für *(für jdn)* dla [dla]; *(für etwas)* na [na]

G

Gabel widelec [widäläz]
Gang *(Auto)* bieg [bäg]; *(Flur)* korytarz [korritasch]; *(Essen)* danie [danjä]
ganz *adj* cały [zaui]; *(vollständig)* całkowity [zaukowwiti]; *adv* całkiem [zaukäm]
Garage garaż [garasch]
Garantie gwarancja [gwaranzja]
Garten ogród [oggrut]
Gast gość [goschtsch]
Gastgeber/in gospodarz/gospodyni [gosspoddasch/gosspoddinji]
Gasthaus, Gasthof gospoda [gosspodda]
Gebäude budynek [budinäk] ➢ 78
geben dać [datsch]
Gebet modlitwa [moddlitfa]
Gebirge góry *pl* [guri] ➢ 78
geboren urodzony [uroddsionni]
Gebühr opłata [oppuata] ➢ 103, 105
Geburt poród [porrut]
Geburtstag urodziny *pl* [uroddsini]
Geburtsdatum data urodzenia [data uroddsiänja]

Geburtsname nazwisko panieńskie [naswisko panjänjskä] ➢ 106
Geburtsort miejsce urodzenia [mäjszä uroddsiänja] ➢ 106
Gedanke myśl *f* [mischl]
gefährlich niebezpieczny [njäbäspätschni]
Gefallen uprzejmość *f* [upschäjmoschtsch], przysługa [pschisuuga]
Gefängnis więzienie [wänsiänjä] ➢ 102
Gefühl uczucie [utschutschä]
gegen przeciw [pschätschif]
Gegend okolica [ockolliza]
Gegenteil przeciwieństwo [pschätschiwänjstfo]
geheim (po)tajemny [(po)tajämni]
gehen iść [ischtsch], pójść [pujschtsch]
gehören należeć [naläschätsch]
Geistlicher duchowny [duchowwni], ksiądz [kschonnz]
gelb żółty [schuwti]
Geld pieniądze *pl* [pänjondsiä] ➢ 100, 102
Geldbeutel portmonetka [porrtmonnätka]
Geldstück moneta [monnäta]
Geldwechsel wymiana pieniędzy [wimjana pänjändsii] ➢ 99f.
Gelegenheit okazja [ockasja]
gemeinsam *adj* wspólny [fspulni]; *adv* wspólnie [fspulnjä], razem [rasäm]
gemischt mieszany [mäschani]
genau dokładny [dockuadni]
genießen delektować się [däläktowwatsch schän]
genug dosyć [dossitsch], dość [doschtsch]
geöffnet otwarty [ottfarti]
Gepäck bagaż [bagasch] ➢ 30, 32
geradeaus prosto [prossto]
Gericht *(Essen)* potrawa [pottrawa]; *(Justiz)* sąd [sonnt]
gern chętnie [chäntnjä]
Geruch zapach [sapach]
Geschäft *(Laden)* sklep [skläp]
geschehen zdarzyć się [sdaschitsch schän]
Geschenk prezent [präsänt]
Geschichte historia [chistorrja]
geschlossen zamknięty [samknjänti]
Geschmack smak [smak]
Geschwindigkeit szybkość *f* [schipkoschtsch]
Gesellschaft towarzystwo [towwaschistfo]
Gespräch rozmowa [rossmowwa]
gesund zdrowy [sdrowwi]
Gesundheit zdrowie [sdrowwä]
Getränk napój [napuj] ➢ 38, 44, 50
getrennt oddzielny [odddsiälni]
Gewicht waga [waga]
gewinnen wygrać [wigratsch]
gewiss *adj* pewny [päwni]; *adv* na pewno [na päwno]
Gewitter burza [buscha] ➢ 20
gibt, es ~ jest/są [jäst/son]
Gift trucizna [trutschisna]
Gipfel szczyt [schtschit]
Gitarre gitara [gitara]
Glas szkło [schkuo]; *(Trink~)* szklanka [schklanka]
Glaube wiara [wara]
glauben wierzyć [wäschitsch]; *(meinen)* sądzić [sonjdsitsch]
gleich równy [ruwni]; *(identisch)* taki sam [taki sam]; *(sofort)* zaraz [saras]
Glück szczęście [schtschänschtschä]
glücklich szczęśliwy [schtschänschliwi]
Glückwunsch powinszowanie [powwinschowanjä]
Gott Bóg [buk]
Gottesdienst nabożeństwo [naboschänjstfo] ➢ 79
Grab grób [grup]
Grad stopień [stoppänj]
gratulieren gratulować [gratulowwatsch]
grau szary [schari]
Grenze granica [granjiza] ➢ 106
groß duży [duschi]; *fig* wielki [wälki]
Größe wielkość *f* [wälkoschtsch]; *(Kleidung)* rozmiar [rossmar]
Großmutter babka [bapka], babcia [baptscha]
Großvater dziadek [dsiadäk]
grün zielony [siälonni]
Grund *(Ursache)* przyczyna [pschitschina]
Gruppe grupa [grupa]
grüßen pozdrawiać [possdrawatsch]
gültig ważny [waschni], aktualny [aktualni] ➢ 106
gut *adj* dobry [dobbri]; *adv* dobrze [dobbschä]

H

Haar włosy *pl* [wuossi] ➢ 57
haben mieć [mätsch]
Hafen port [porrt] ➢ 33
halb pół [puw]
Hallo! Halo! [chalo]
halten trzymać [tschimatsch]; *(Ordnung)* utrzymywać [utschimiwatsch]; *(stehen bleiben)* zatrzymać się [satschimatsch schän]
Haltestelle przystanek [pschistanäk] ➢ 101
hart twardy [tfardi]
hässlich brzydki [bschitki]
häufig *adv* często [tschänsto]
Haus dom [domm]
Hausbesitzer właściciel domu [wuaschtschitschäl dommu] ➢ 71
hausgemacht wyrób własny [wirup wuassni] ➢ 39
Haushaltswaren Artykuły gospodarstwa domowego [artikuwi gossphoddarstfa dommowwägo] ➢ 58
heilig święty [schwänti]
Heimat ojczyzna [ojjtschisna]
heimlich *adj* tajemniczy [tajämnjitschi]; *adv* w tajemnicy [f tajämnjizi]
Heimreise podróż do domu [poddrusch do dommu]
heiraten ożenić się [oschänjitsch schän]; *(von Frau)* wyjść za mąż [wijschtsch sa monsch]
heiß gorący [gorronnzi] ➢ 20, 39
heißen nazywać się [nasiwatsch schän]; *(bedeuten)* znaczyć [snatschitsch]
heiter pogodny [poggoddni], wesoły [wäsoui] ➢ 20
Heizung ogrzewanie [oggschäwanjä] ➢ 69f.
helfen, jdm ~ pomóc komuś [pommuz kommusch]
hell jasny [jassni]
Herein! proszę wejść! [proschän wäjschtsch]
hereinkommen wejść [wäjschtsch], wchodzić [fchoddsitsch]
Herr pan [pan]
heute dziś [dsisch], dzisiaj [dsischaj] ➢ 17
hier tu [tu], tutaj [tutaj]

Hilfe pomoc *f* [pommotts]; **Erste ~** pierwsza pomoc [pärfscha pommotts]; ~ ! ratunku! [ratunku]
Himmel niebo [njäbo]
hinlegen położyć [pouoschitsch]
hinsetzen, s. ~ usiąść [uschonschtsch]
hinter za [sa]
Hobby hobby [chobbbi]
hoch wysoki [wisocki]
Hochzeit wesele [wässälä]
hoffen mieć nadzieję [mätsch nadsiäjän]
höflich grzeczny [gschätschni]
Höhe wysokość *f* [wisockoschtsch]
Höhepunkt punkt kulminacyjny [punkt kulminazijni], szczyt [schtschit]
Holz drzewo [dschäwo], drewno [dräwno]
Honorar honorarium *n* [chonnorrarjum]
hören słuchać [suuchatsch], słyszeć [suischätsch]
Hotel hotel [chottäl] ➢ 67ff.
hübsch ładny [uadni]
Hügel wzgórze [wsguschä]
Hund pies [päs]
Hunger głód [guut]
hungrig głodny [guoddni]
Hütte chata [chata]

I

ich ja [ja]
Idee idea [idäa], pomysł [pommisu]
ihr *pers prn* wy [wi]; *poss prn f* jej [jäj]; *poss prn pl* ich [ich]
Imbiss imbis [imbis]
immer zawsze [safschä]
im Stande sein być w stanie [bitsch fstanjä]
in *(Frage: wo?)* w [w]; *(Frage: wohin?)* do [do]
inbegriffen wliczony [wlitschonni]
informieren informować [inforrmowwatsch]
Inhalt treść *f* [träschtsch]
innen w środku [f schrottku]
Innenstadt śródmieście [schrudmäschtschä]
innerhalb *(zeitlich)* w ciągu [f tschongu], w czasie [f tschaschä]
Insekt insekt [insäkt]
Insel wyspa [wispa]
international międzynarodowy [mändsiinaroddowwi]
irren, s. ~ pomylić się [pommilitsch schän]
Irrtum pomyłka [pommiuka]

J

Jahr rok [rock]
Jahreszeit pora roku [porra rocku] ➢ 18
jede(r, -s) każd-a/y/e [kaschd-a/i/ä]
jedes Mal zawsze [safschä]
jemand ktoś [ktosch]
jetzt teraz [täras] ➢ 17
Jugendherberge schronisko młodzieżowe [ßchronjisko muoddsiäschowwä] ➢ 68, 73
jung młody [muoddi]
Junge chłopiec [chuoppäz]
Junggeselle kawaler [kawalär]

K

Kabine kabina [kabina]; *(Umkleide~)* przebieralnia [pschäbäralnja]
Kaffee kawa [kawa] ➢ 50
kalt zimny [simni] ➢ 20, 39
Kanal kanał [kanau]
Kapelle *(Gebäude)* kaplica [kapliza] ➢ 79; *(Musik~)* kapela [kapäla]
kaputt zepsuty [säpsuti]
Kasse kasa [kassa] ➢ 82
Katze kot [kott]
Kauf zakup [sakup]
kaufen kupić [kupitsch]
kaum *adv (nur mit Mühe)* z trudem [s trudäm]; *(nur sehr wenig)* zaledwie [salädwä]
Kaution kaucja [kauzja]
kein żaden [schadän]
keine(r, -s) żadna (żaden, żadne) [schadna (schadän, schadnä)]
keinesfalls w żadnym wypadku [w schadnim wipatku]
Kellner kelner [kälnär]
kennen znać [snatsch]
kennen lernen poznać [possnatsch] ➢ 6ff.
Kind dziecko [dsiäzko] ➢ 87ff.
Kino kino [kino] ➢ 81f.
Kirche kościół [koschtschuw] ➢ 79
Kissen poduszka [podduschka]
Kleidung odzież *f* [oddsiäsch] ➢ 60f.
klein mały [maui]
Kleingeld drobne *pl* [drobbnä] ➢ 100
Klima klimat [klimat] ➢ 20
Klingel dzwonek [dsiwonnäk]
klingeln dzwonić [dswonjitsch]
klug mądry [monndri]
Kneipe knajpa [knajpa] ➢ 79f.
knipsen fotografować [fottoggrafowwatsch]
kochen gotować [gottowwatsch]; *(Wasser)* gotować się [gottowwatsch schän]
Koffer walizka [waliska]
kommen przyjść [pschijschtsch]
Kompass kompas [kommpas]
Kondom kondom [konndomm], prezerwatywa [präsärwatiwa] ➢ 11, 54, 65
Konfession wyznanie [wisnanjä]
können móc [muz]; *(gelernt haben)* umieć [umätsch]
Konsulat konsulat [konnsulat] ➢ 102
Kontakt kontakt [konntakt]
kontrollieren kontrolować [konntrollowwatsch]
Konzert koncert [konnzärt] ➢ 81f.
Körper ciało [tschauo]
kosten kosztować [koschtowwatsch]
krank chory [chorri] ➢ 94ff.
Krankenhaus szpital [schpital] ➢ 95ff.
Krankenwagen karetka pogotowia [karätka poggottowwa]
Krankheit choroba [chorrobba] ➢ 94ff.
Kreditkarte karty kredytowe [karti kräditowwä] ➢ 52, 70, 100
Krieg wojna [wojjna]
kritisieren krytykować [kritikowwatsch]
Küche kuchnia [kuchnja]
kühl chłodny [chuoddni]
Kultur kultura [kultura] ➢ 77ff.
Kummer zmartwienie [smartwänjä]
kümmern, s. ~ um troszczyć się o [troschtschitsch schän o]
Kurs kurs [kurs]

Kurve zakręt [sakränt] ➢ 27
kurz krótki [krutki]
kürzlich niedawno [njädawno] ➢ 17
Kuss pocałunek [pottsauunäk]
küssen całować [zauowwatsch]
Küste wybrzeże [wibschäschä]

L

lachen śmiać się [schmatsch schän]
Laden sklep [skläp]
Lage położenie [pouoschänjä]
Land kraj [kraj]
Landkarte mapa [mapa] ➢ 63
Landschaft krajobraz [krajobbras] ➢ 79
lang długi [duugi]
Länge długość *f* [duugoschtsch]
langsam *adj* powolny [powwollni]; *adv* powoli [powwolli]
langweilig nudny [nudni]
Lärm hałas [chauas]
lassen zostawić [sosstawitsch]; *(zu~)* zezwolić [säswollitsch]
lästig uciążliwy [utschonschliwi]
Lastwagen samochód ciężarowy [samochut tschänscharowwi]
laufen biegać [bägatsch], biec [bäz]
laut głośny [guoschni]
Lautsprecher megafon [mägafonn], głośnik [guoschnjik]
Leben życie [schitschä]
leben żyć [schitsch]
Lebensmittel żywność *f* [schiwnoschtsch] ➢ 58ff.
ledig *(Mann)* nieżonaty [njäschonnati], *(Frau)* niezamężna [njäsamänschna] ➢ 106
leer pusty [pusti]
legen położyć [pouoschitsch]
leicht lekki [läkki]
leider niestety [njästäti]
leihen pożyczyć [poschitschitsch] ➢ 84
leise *adv* cicho [tschicho]
Leiter/in kierowni-k/czka [kärowwnji-k/tschka]
lesen czytać [tschitatsch]
letzte(r, -s) ostatn-ia/i/ie [osstatnj-a/i/ä]
Leute ludzie [ludsiä]
Licht światło [schwatuo]
lieb kochany [kochani], miły [miui]
lieben kochać [kochatsch]
liebenswürdig uprzejmy [upschäjmi]
lieber raczej [ratschäj], lepiej [läpäj]; **etwas ~ mögen/tun** woleć [wollätsch]
Lied piosenka [possänka]
liegen leżeć [läschätsch]
links na lewo [na läwo]
Loch dziura [dsiura]
Löffel łyżka [uischka]
Lokal lokal [lockal]
löschen gasić [gaschitsch]
Luft powietrze [powwätschä] ➢ 20
Lüge kłamstwo [kuamstwo]
lustig *(fröhlich)* wesoły [wäsoui]; *(erheiternd)* śmieszny [schmäschni]

M

machen robić [robbitsch]
Mädchen dziewczyn(k)a [dsiäftschin(k)a]
Mahlzeit posiłek [poschiuäk]
Mal raz [ras]
manchmal czasem [tschassäm] ➢ 17
Mangel brak [brak]
Mann mężczyzna [mänschtschisna]; *(Ehe~)* mąż [monsch]
männlich męski [mänski]
Markt rynek [rinäk] ➢ 53, 79
Maschine maszyna [maschina]
Medikament lekarstwo [läkarstfo] ➢ 54f., 65
Meer morze [moschä]
mehr więcej [wänzäj]
mein(e) mój, moja, moje [muj, mojja, mojjä]
meinen sądzić [sonjdsitsch], myśleć [mischlätsch]
Meinung zdanie [sdanjä], pogląd [pogglonnt], opinia [oppinja]
Mensch człowiek [tschuowwäk]
merken zauważać/zauważyć [sauwaschatsch/sauwaschitsch]
Messe *(Ausstellung)* targi *pl* [targi]; *(Kirche)* msza [mscha]
Messer nóż [nusch]
mich *(Akkusativ von ich)* mnie [mnjä]; *(bei reflexiven Verben)* się [schän]
Miete najem [najäm]; *(Mietpreis)* czynsz [tschinsch], opłata [oppuata] ➢ 72
mieten wynająć [winajontsch]
mindestens co najmniej [zo najmnjäj], przynajmniej [pschinajmnjäj]
Minute minuta [minuta] ➢ 17
mir mnie [mnjä], *(Kurzform nach den Verben)* mi [mi]
missverstehen źle zrozumieć [silä srossumätsch]
mit z [s]
mitbringen *(etwas)* przynieść [pschinjäschtsch], *(jmdn)* przyprowadzić [pschiprowwadsitsch]
mitnehmen zabrać ze sobą [sabratsch sä sobbon], wziąć [wschonjtsch]
Mittag południe [pouudnjä]
Mittagessen obiad [obbjat] ➢ 35ff.
Mitte środek [schroddäk]
mitteilen poinformować [poinforrmowwatsch], zawiadomić [sawjadommitsch]
Mittel środek [schroddäk]; *(Heil~)* lekarstwo [läkarstfo] ➢ 54
Möbel mebel [mäbäl]
Mode moda [modda] ➢ 60f.
modern nowoczesny [mowwottschässni]; *(modisch)* modny [moddni]
mögen *(gern haben)* lubić [lubitsch]; *(wollen)* chcieć [chtschätsch]
möglich możliwy [moschliwi]
Moment moment [mommänt], chwila [chfila]
Monat miesiąc [mäschonnz] ➢ 18
Mond księżyc [kschänschiz]
morgens rankiem [rankäm]
Motor silnik [schilnjik] ➢ 23, 27
Motorrad motocykl [mottottsikl] ➢ 22ff.
Mücke komar [kommar]
müde zmęczony [smäntschonni]
Mühe wysiłek [wischiuäk], trud [trut]
Müll śmieci *pl* [schmätschi], odpady *pl* [ottpadi] ➢ 72
Münze moneta [monnäta] ➢ 100
Museum muzeum [musäum] ➢ 78f.
Musik muzyka [musika]
müssen musieć [muschätsch]
Mutter matka [matka], mama [mama]

N

nach *(zeitlich)* po [po]; *(wohin)* do [do]; *(gemäß)* według [wäduuk]
Nachbar/in sąsiad/ka [sonschat/ka]
nachher potem [pottäm], później [puschnjäj]
nachmittags po południu [po pouudnju]
Nachricht wiadomość *f* [wjadommoschtsch]
nächste(r, -s) następny (-a, -e) [nastämpni]; *(nächstgelegen)* najbliższy [najblischschi]
Nacht noc *f* [notts] ➢ 18
Nachtclub klub nocny [klup nottsni] ➢ 79, 81
nackt nagi [nagi], goły [goui]
nahe *(adj)* niedaleki [njädaläki], bliski [bliski]; *(adv)* niedaleko [njädaläko], blisko [blisko]
Nahverkehr Komunikacja miejscowa [kommunjikazja mäjszowwa] ➢ 101
Name *(Vor~)* imię [imän]; *(Nach~)* nazwisko [naswisko] ➢ 106; *(Benennung)* nazwa [naswa]
nass mokry [mockri], wilgotny [wilgottni]
Nation naród [narut]
Natur natura [natura]
natürlich *(adj)* naturalny [naturalni]; *(adv)* naturalnie [naturalnjä]
neben obok [obbock]; *(außer)* poza [possa]
Neffe *(Sohn der Schwester)* siostrzeniec [schosstschänjäz]; *(Sohn des Bruders)* bratanek [bratanäk]
nehmen wziąć [wsionjtsch]
nennen *(angeben)* wymienić [wimänjitsch]
nervös nerwowy [närwowwi] ➢ 97
nett *(adj)* miły [miui]; *(adv)* miło [miuo]
neu nowy [nowwi]
neugierig ciekawy [tschäkawi]
Neuigkeit nowina [nowwina]
nicht nie [njä]
Nichte *(Tochter eines Bruders)* bratanica [bratanjiza]; *(Tochter einer Schwester)* siostrzenica [schosstschänjiza]
nichts nic [njiz]
nie nigdy [njigdi]
nieder, niedrig niski [njiski]
niemand nikt [njikt]
nirgends nigdzie [njigdsiä]
noch jeszcze [jäschtschä]
Norden północ *f* [puwnotts]
normal normalny [norrmalni]
Notausgang wyjście zapasowe [wijschtschä sapassowwä] ➢ 30
Notbremse hamulec bezpieczeństwa [chamuläz bäspätschänjstwa] ➢ 33
nötig potrzebny [pottschäbni], konieczny [konjätschni]
Notrufsäule telefon pierwszej pomocy na autostradzie [täläfonn pärfschäj pommottsi na autosstradsiä] ➢ 27
Nummer numer [numär]
nur tylko [tilko]

O

ob czy [tschi]
oben na górze [na guschä]
Obst owoce *pl* [owwottsä] ➢ 42, 49
oder albo [albo]
Ofen piec [pjäz]
offen otwarty [ottfarti]
öffentlich publiczny [publitschni]
öffnen otworzyć [ottfoschitsch]
Öffnungszeiten godziny otwarcia [goddsini ottfartscha]
oft często [tschänsto]
ohne bez [bäs]
ohnmächtig zemdlony [sämdlonni]; *(machtlos)* bezsilny [bässschilni]
Öl olej [olläj]
Onkel wuj [wuj], wujek [wujäk]
Optiker optyk [opptik] ➢ 62
Ort miejsce [mäjszä]; *(Ortschaft)* miejscowość *f* [mäjszowwoschtsch]
Ortschaft miejscowość *f* [mäjszowwoschtsch]
Osten wschód [fßchut]
Österreich Austria [austrja]
Österreicher/in Austriak/Austriaczka [austrjak/austrjatschka]
Ozean ocean [ottsäan]

P

Paar, ein ~ para [para]
Päckchen paczka [patschka]
packen *(Koffer, Paket)* pakować/spakować [pakowwatsch/spakowwatsch]
Paket *(Post)* paczka [patschka] ➢ 103
Panne awaria [awarja] ➢ 23, 28
Papiere dokumenty [dockumänti] ➢ 28, 102
parken zaparkować [saparkowwatsch] ➢ 23
Pass *(Ausweis)* paszport [paschporrt]; *(Gebirge)* przełęcz [pschäuäntsch]
Passagier pasażer [passaschär] ➢ 30, 34
passieren zdarzyć się [sdaschitsch schän]
Passkontrolle kontrola paszportowa [konntrolla paschporrtowwa] ➢ 106
Pension pensjonat [pänsjonnat] ➢ 67ff.
Person osoba [ossobba]
Personal personel [pärsonnäl]
Personalausweis dowód osobisty [dowwut ossobbisti] ➢ 102, 106
Personalien personalia *pl* [pärsonnalja]
Pfand fant [fant], zastaw [sastaf]
Pflanze roślina [roschlina]
Pflicht obowiązek [obbowwjonsäk]
Platz miejsce [mäjszä]; *(in Stadt)* plac [plaz]; *(Sportplatz)* boisko [boisko]
plötzlich *adj* nagły [nagui]; *adv* nagle [naglä]
plus plus [plus]
Pole Polak [pollak]
Polen Polska [pollska]
Polin Polka [pollka]
Politik polityka [pollitika]
polnisch polski [pollski]
Polizei policja [pollizja] ➢ 24, 101ff.
Portier sekretariat [säkrätarjat]
Postamt poczta [pottschta] ➢ 103
Preis cena [zäna]
Priester ksiądz [kschonnz], duchowny [duchowwni]
pro za [sa]
Programm program [proggram]
Promille promile [prommilä] ➢ 28
Prozent procent [prottsänt]
prüfen *(Rechnung)* sprawdzić [sprawdsitsch]
pünktlich *adj* punktualny [punktualni]; *adv* punktualnie [punktualnjä]
putzen posprzątać [posspschonntatsch]

Q

Qualität jakość *f* [jakoschtsch]
Quelle źródło [siruduo]
quittieren pokwitować [pockfitowwatsch]

R

Rabatt rabat [rabat]
Rad fahren jeździć na rowerze [jäsidsitsch na rowwäschä] ➢ 22ff., 85
Radio radio [radjo] ➢ 70
Rand krawędź [krawänjtsch], brzeg [bschäk]; *(auf Papier, fig)* margines [marginäs]
rasch *adj* prędki [präntki], szybki [schipki]; *adv* prędko [präntko], szybko [schipko]
Rasen trawnik [trawnjik]
Raststätte zajazd [sajast] ➢ 28
raten poradzić [porradsitsch]; *(Rätsel)* rozwiązać [rosswjonsatsch]
Rathaus ratusz [ratusch] ➢ 79
rauchen dymić [dimitsch]; *(Zigaretten)* palić [palitsch]
Raucher dla palących [dla palonzich] ➢ 30
Raum *(Zimmer)* pokój [pockuj]; *(Platz)* miejsce [mäjszä]; *(Gebiet)* obszar [oppschar], rejon [räjonn]
rechnen liczyć [litschitsch]
Rechnung rachunek [rachunäk] ➢ 38
Recht prawo [prawo]
Recht haben mieć rację [mjätsch razjän]
rechts na prawo [na prawo], w prawo [f prawo]
rechtzeitig w porę [f porrän], na czas [na tschas]
reden porozmawiać [porrossmawjatsch], mówić [muwitsch]
regeln uregulować [urägulowwatsch]; *(Angelegenheiten)* załatwić [sauatfitsch]
Regierung rząd [schonnt]
regnen padać [padatsch] ➢ 20
reich bogaty [boggati]
reinigen oczyścić [ottschischtschitsch] ➢ 69f.
Reise podróż *f* [poddrusch]
Reisebüro biuro podróży [buro poddruschi]
Reiseführer przewodnik [pschäwoddnjik] ➢ 63
reisen podróżować [poddruschowwatsch]; ~ **nach** jechać do [jächatsch do]
Reisepass paszport [paschporrt] ➢ 102, 106
Reiseroute trasa podróży [trassa poddruschi]
Reisescheck czek podróżny [tschäk poddruschni] ➢ 100
reklamieren zareklamować [saräklamowwatsch] ➢ 38, 69
Reparatur naprawa [naprawa], reperacja [räpärazja]
Reservierung rezerwacja [räsärwazja] ➢ 33, 36, 68
Rest reszta [räschta]
Restaurant restauracja [rästaurazja] ➢ 35ff.
retten uratować [uratowwatsch]
Rettungsboot łódka ratownicza [uutka ratowwnjitscha] ➢ 34
Rezeption recepcja [räzäpzja] ➢ 68
richtig *adj* prawidłowy [prawiduowwi], odpowiedni [ottpowwädnji]; *adv* prawidłowo [prawiduowwo], odpowiednio [ottpowwädnjo]
Richtung kierunek [kärunäk]
riechen powąchać [powwonchatsch]
Risiko ryzyko [risiko]
rot czerwony [tschärwonni]
Route trasa [trassa]
Rückkehr powrót [powwrut]
rufen zawołać [sawouatsch]
Ruhe *(Stille)* cisza [tschischa]; *(Erholung)* odpoczynek [ottpottschinäk]
ruhig spokojny [spockojjni], cichy [tschichi]
rund *adj* okrągły [ockrongui]; *adv* około [ockouo]

S

Saal sala [sala]
Sache rzecz [schätsch]; *(Angelegenheit)* sprawa [sprawa]; *(Frage, Thema)* problem [probblämm]
sagen powiedzieć [powwädsiätsch]
Saison sezon [säsonn]
sammeln zebrać [säbratsch]
satt najedzony [najädsionni], syty [siti]
Satz zdanie [sdanjä]
sauber czysty [tschisti]
schade, es ist ~ szkoda [schkodda]
schaden zaszkodzić [saschkoddsitsch]
Schadenersatz odszkodowanie [ottschkoddowwanjä]
schädlich szkodliwy [schkoddliwi]
Schalter okienko [ockänko]; *(am Gerät)* włącznik [wuontschnjik]
schauen patrzeć [patschätsch]
Scheck czek [tschäk]
schenken podarować [poddarowwatsch], *(fam)* dać [datsch]
Scherz żart [schart]
schicken posłać [possuatsch]
Schiff nawa [nawa] ➢ 33f.
Schild *(Hinweis~)* szyld [schilt], tablica [tabliza], wywieszka [wiwjäschka]
schimpfen zwymyślać [swimischlatsch], wyzywać [wisiwatsch]
Schirm *(Regen~)* parasol [parassoll]
schlafen spać [spatsch]
schlank szczupły [schtschupui]
schlecht *adj* zły [sui]; *adv* źle [silä], niedobrze [njädobbschä]
schließen zamknąć [samknonjtsch]
Schloss *(an Tür; Bau)* zamek [samäk] ➢ 79
Schlüssel klucz [klutsch] ➢ 69, 71
Schmerzen bóle [bulä]
Schmuck biżuteria [bischutärja] ➢ 63
schmuggeln przeszmuglować [pschäschmuglowwatsch]
Schmutz brud [brut]
schmutzig brudny [brudni]
schneiden ciąć [tschonjtsch], kroić [kroitsch]; *(Nägel)* obciąć [opptschonjtsch]
schneien, es schneit pada śnieg [pada schnjäk]
schnell szybki [schipki]
Schnellimbiss bar szybkiej obsługi [bar schipkäj oppsuugi], kiosk [kjossk], budka (z jedzeniem i napojami) [butka (s jädsiänjäm i napojjami)]
schon już [jusch]
schön ładny [uadni], piękny [pänkni]
schrecklich straszny [straschni], okropny [ockroppni]
schreiben napisać [napissatsch]
Schreibwaren Artykuły papiernicze [artikuwi papärnjtschä] ➢ 63
schreien krzyknąć [kschiknontsch]

Schrift pismo [pissmo]
schriftlich pisemny [pissämni]
schüchtern nieśmiały [njäschmjaui]
Schuh but [but] ➢ 62
Schuld wina [wina]; *(Finanzen)* dług [duuk]
schulden być dłużnym [bitsch duuschnim]
Schuss *(Gewehr~)* strzał [stschau]
Schutz ochrona [ochronna], opieka [oppjäka]
schwach słaby [suabi]
Schwager szwagier [schfagär]
Schwägerin szwagierka [schfagärka]
schwanger w ciąży [f tschonschi]
schwarz czarny [tscharni]
Schweigen milczenie [miltschänjä]
Schweiz Szwajcaria [schfajzarja]
Schweizer/in Szwajcar/ka [schfajzar/ka]
schwer ciężki [tschänschki]; *(schwierig)* trudny [trudni]
Schwester siostra [schosstra]
schwierig trudny [trudni]
Schwimmbad basen [bassän] ➢ 84, 86
schwimmen pływać [puiwatsch] ➢ 86
schwindlig, mir ist ~ kręci mi się w głowie [kränjtschi mi schän w guowwjä] ➢ 94
schwitzen spocić się [spottschitsch schän]
See *(der ~)* jezioro [jäsiorro]
sehen zobaczyć [sobbatschitsch]
Sehenswürdigkeiten rzeczy warte zobaczenia [schätschi wartä sobbatschänja], osobliwości [ossobbliwoschtschi] ➢ 77ff.
sehr bardzo [bardsio]
sein być [bitsch]
seit od [ott]
Seite strona [stronna]
Sekunde sekunda [säkunda]
Selbstbedienungsladen sklep samoobsługowy [skläp samooppsuugowwi]
selten rzadki [schatki]
senden wysłać [wisuatsch]; *(Radio, TV)* nadać [nadatsch]
Sendung przesyłka [pschässiuka]; *(Radio, TV)* audycja [audizja]
servieren podać [poddatsch]
setzen posadzić [possadsitsch]; **s. ~** usiąść [uschonschtsch]
Sex seks [säks]
sicher bezpieczny [bäspjätschni]; *(gewiss, zuverlässig)* pewny [päwni]; *adv* na pewno [na päwno]
Sicherheit bezpieczeństwo [bäspjätschänjstfo]
Sicherung zabezpieczenie [sabäspjätschänjä]; *(Schutz)* ochrona [ochronna]; *(elektr.)* bezpiecznik [bäspjätschnjik]
Sicht widoczność *f* [widottschnoschtsch]; *(Aus~)* widok [widock]
sichtbar widoczny [widottschni]
sie *(3. Person sing)* ona [onna]; *(3. Person pl)* oni/one [onji/onnä]
Sie *(Herr)* pan [pan]; *(Frau)* pani [panji]; *(Herrschaften)* państwo [panjstfo]
singen zaśpiewać [saschpjäwatsch]
sitzen siedzieć [schädsiätsch]
so *(auf diese Weise)* tak [tak]; *(vor Adjektiv)* taki [taki]
sofort natychmiast [natichmjast]
sogar nawet [nawät], zgoła [sgoua]
Sohn syn [sin]
sollen mieć [mjätsch], *(Verpflichtung)* powinien *m*, powinna *f*, powinno *n* [powwinjän, powwinna, powwinno]
Sonne słońce [suonjzä] ➢ 20
Sonnenbrille okulary *pl* przeciwsłoneczne [ockulari pschätschifsuonnätschnä]
sonnig słoneczny [suonnätschni] ➢ 20
sorgen für troszczyć się o [troschtschitsch schän o]; **sich ~ um** martwić się o [martfitsch schän o]
Sorte rodzaj [roddsiaj]
Spaß żart [schart]; *(Freude)* przyjemność *f* [pschijämnoschtsch]
spät późny [pusini]
später *adj* późniejszy [pusinjäjschi]; *adv* później [pusinjäj]
spazieren gehen pójść na spacer [pujschtsch na spazär]
Speisekarte jadłospis [jaduosspis] ➢ 36, 40, 45ff.
spielen grać [gratsch]; *(mit Spielzeug)* bawić się [bawitsch schän]
Spielzeug zabawka [sabafka]
Sport sport [sporrt] ➢ 83ff.
Sprache język [jänsik]
sprechen powiedzieć [powwjädsiätsch]; *(Worte wechseln)* porozmawiać [porrossmawjatsch]
Staat państwo [panjstfo]
Staatsangehörigkeit obywatelstwo [obbiwatälstwo]
Stadt miasto [mjasto]
Stadtplan plan miasta [plan mjasta]
Stadtrundfahrt wycieczka po mieście [witschätschka po mjäschtschä] ➢ 78f.
stammen pochodzić [pochoddsitsch]
statt zamiast [samjast]
stattfinden odbyć się [oddbitsch schän]
stechen *(mit Nadel)* ukłuć [ukuutsch]; *(Mücke)* ukąsić [ukonschitsch]
stehen stać [statsch]; *(sich befinden)* znajdować się [snajdowwatsch schän]
stehen bleiben stanąć [stanontsch]
stehlen ukraść [ukraschtsch]
steigen pójść w górę [pujschtsch w gurän]
steil stromy [strommi], spadzisty [spadsisti]
Stein kamień [kamjänj]
Stelle *(Ort)* miejsce [mjäjszä]; *(Arbeit)* stanowisko [stanowwisko], posada [possada]
stellen postawić [posstawitsch]; *(Uhr)* nastawić [nastawitsch]
sterben umrzeć [umschätsch]
Stern gwiazda [gwjasda]
Stil styl [stil]
still cichy [tschichi], spokojny [spockojjni]
Stimme głos [guoss]
Stockwerk piętro [päntro]
Stoff materiał [matärjau]
stören przeszkodzić [pschäschkoddsitsch]
stornieren anulować [anulowwatsch] ➢ 29f.
Störung przeszkadzanie [pschäschkadsianjä]
Strafe kara [kara]
Strand brzeg [bschäk]; *(mit Sand)* plaża [plascha] ➢ 83ff.
Straße ulica [uliza]; *(Land~)* droga [drogga]
Straßenkarte atlas samochodowy [atlas samochoddowwi] ➢ 28, 63
Strauß *(Blumen)* bukiet [bukät]
Strecke odcinek [ottschinäk]; *(Entfernung)* odległość [oddläguoschtsch]; *(Bahn~)* trasa [trassa]
Strom *(Fluss)* rzeka [schäka]; *(elektr.)* prąd [pronnt]

Stück sztuka [schtuka]; *(Teil)* kawałek [kawauäk]
studieren studiować [studjowwatsch]
Stuhl krzesło [kschässuo]
Stunde godzina [goddsina] ➢ 16f.
suchen poszukać [poschukatsch]
Süden południe [pouudnjä]
Summe suma [suma]
Supermarkt supersam [supärsam]

T

Tabak tytoń [titonj] ➢ 64, 66
Tag dzień [dsiänj]
Tankstelle stacja benzynowa [stazja bänsinowwa] ➢ 22, 28
Tante ciotka [tschottka], ciocia [tschottscha]
tanzen zatańczyć [satanjtschitsch] ➢ 79, 81
Tätigkeit zajęcie [sajänjtschä]; *(Beruf)* zawód [sawut]
tauschen wymienić [wimänjitsch], zamienić [samjänjitsch]
täuschen, s. ~ zawieść się [sawjäschtsch schän]
Taxi taksówka [taksufka]
Teil część *f* [tschänschtsch]
teilnehmen (an) wziąć udział (w czymś) [wsionjtsch udsiau (f tschimsch)]
Telefon telefon [täläfonn] ➢ 104f.
telefonieren zatelefonować [satäläfonnowwatsch] ➢ 104f.
Temperatur temperatura [tämpäratura] ➢ 20
teuer drogi [droggi]
Theater teatr [täatr] ➢ 81f.
tief głęboki [guämbocki]; *(niedrig)* niski [njiski]
Tier zwierzę [sujäschän]
Tisch stół [stuw]
Tochter córka [zurka]
Tod śmierć *f* [schmjärtsch]
Toilette toaleta [toaläta], ubikacja [ubikazja] ➢ 36, 70
Toilettenpapier papier toaletowy [papjär toalätowwi]
Ton *(Laut)* dźwięk [dsiwjänk]; *(Farbton)* odcień [ottschänj]
Tonwaren artykuły *pl* ceramiczne [artikuwi zäramitschnä], ceramika [zäramika]
Topf *(Kochtopf)* garnek [garnäk]
Töpferei garncarstwo [garnzarstfo]
tot zmarły [smarui], nieżywy [njäschiwi]
tragen nosić/nieść [noschitsch/njäschtsch]
träumen śnić [schnjitsch]
traurig smutny [smutni]
treffen trafić [trafitsch]; *(begegnen)* spotkać [spottkatsch]
Treppe schody *pl* [ßchoddi]
treu wierny [wjärni]
trinken pić [pitsch]
Trinkgeld napiwek [napiwäk] ➢ 38, 40, 104
Trinkwasser woda pitna [wodda pitna]
trotz mimo [mimo], pomimo [pommimo]
trotzdem mimo to [mimo to], pomimo to [pommimo to]
tschüss cześć! [tschäschtsch]
tun zrobić [srobbitsch]
Tunnel tunel [tunäl]
Tür drzwi *pl* [dschwi]
typisch typowy [tipowwi]

U

Übelkeit mdłości *pl* [mduoschtschi] ➢ 98
über *(räumlich)* nad [nat], ponad [ponnat]; *(quer ~, Route)* przez [pschäs]; *(sprechen ~)* o [o]
überall wszędzie [fschänjdsiä]
überfallen napaść [napaschtsch]
überholen wyprzedzić [wipschädsitsch]
übernachten przenocować [pschänottsowwatsch] ➢ 67ff.
überqueren *(Straße)* przejść na drugą stronę [pschäjschtsch na drugon stronnän]
überrascht zaskoczony [saskottschonni], zdziwiony [sdsiwjonni]
Übersee kraje *pl* zamorskie [krajä samorrskä]
übersetzen przetłumaczyć [pschätuumatschitsch], przełożyć [pschäuoschitsch]
überweisen przekazać [pschäkasatsch]; *(Patienten)* skierować [skärowwatsch]
Ufer brzeg [bschäk]
Uhr zegar [sägar]; *(Armband~)* zegarek [sägaräk]
Uhrzeit czas [tschas] ➢ 16f.
um *(räuml.)* dookoła [doockoua]; *(zeitl.)* o [o]
umarmen objąć [obbjonjtsch]
umbuchen zmienić rezerwację [smänjitsch räsärwazjän] ➢ 30
Umleitung objazd [obbjast]
umsonst *(vergeblich)* na darmo [na darmo]; *(gratis)* za darmo [sa darmo]
umsteigen przesiąść się [pschäschonschtsch schän]
umtauschen wymienić [wimjänjitsch] ➢ 100
Umwelt środowisko [sroddowwisko], otoczenie [ottottschänjä]
umziehen przeprowadzić się [pschäprowwadsitsch schän]; **s. ~** przebrać się [pschäbratsch schän]
unbekannt nieznany [njäsnani]
und i [i]
Unfall wypadek [wipadäk] ➢ 24
unfreundlich *(Mensch)* nieuprzejmy [njäupschäjmi]
ungefähr *adv* koło [kouo], około [ockouo]
ungesund niezdrowy [njäsdrowwi]
Unglück nieszczęście [njäschtschänschtschä]
unglücklich nieszczęśliwy [njäschtschänschliwi]
ungültig nieważny [njäwaschni]
unhöflich nieuprzejmy [njäupschäjmi]
Unkosten wydatki *pl* [widatki]
unmöglich niemożliwy [njämoschliwi]
unruhig niespokojny [njäspockojjni]
uns *(Dativ)* nam [nam]; *(Akk.)* nas [nas]
unschuldig niewinny [njäwinni]
unser, unsere nasz, nasza, nasze [nasch, nascha, naschä]
unter pod [pott]; *(zwischen)* między [mjändsii]
unterbrechen przerwać [pschärwatsch]; *(stören)* przeszkodzić [pschäschkoddsitsch]
Unterführung *(für Fußgänger)* przejście podziemne [pschäjschtschä poddsiämnä]; *(für Fahrzeuge)* tunel [tunäl]
Unterhaltung *(Gespräch)* rozmowa [rossmowwa]; *(Vergnügen)* zabawa [sabawa] ➢ 79ff.
Unterkunft kwatera [kfatära], zakwaterowanie [sakfatärowwanjä] ➢ 67ff.
Unterschied różnica [ruschnjiza]

Unterschrift podpis [pottpis]
Untersuchung badanie [badanjä]
unterwegs w drodze [w droddsiä] ➢ 21ff.
unverschämt bezwstydny [bässfstidni], beszczelny [bästschälni]
unwohl niedysponowany [njädisponnowwani]
Urlaub urlop [urlopp]
Ursache przyczyna [pschitschina]
urteilen osądzić [ossonndsitsch]

V

Vater ojciec [ojjtschäz]
Verabredung umowa [umowwa]; *(Treffen)* spotkanie [spottkanjä]
verabschieden, s. ~ pożegnać się [poschägnatsch schän]
verändern zmienić [smjänjitsch]
Veranstaltung impreza [impräsa] ➢ 81f.
Veranstaltungskalender kalendarz imprez [kaländasch impräs] ➢ 82
verbieten zabronić [sabronjitsch]
Verband *(medizin.)* opatrunek [oppatrunäk]; *(Vereinigung)* związek [swjonsäk], federacja [fädärazja]
Verbindung połączenie [pouontschänjä]
verboten! wzbronione! [wsbronjonnä]
verdienen zarobić [sarobbitsch]
verdorben *(Essen)* zepsuty [säpsuti]; *(moralisch)* zdemoralizowany [sdämorralisowwani]
vereinbaren umówić (się) [umuwitsch (schän)]
Verfassung *(Zustand)* stan [stan]
Vergangenheit przeszłość [pschäschuoschtsch]
vergessen zapomnieć [sapommnjätsch]
Vergewaltigung gwałt [gwaut] ➢ 103
Vergiftung zatrucie [satrutschä] ➢ 99
Vergnügen zabawa [sabawa]
verheiratet *(Mann)* żonaty [sonnati], *(Frau)* zamężna [samänschna] ➢ 106
Verhütungsmittel środek antykoncepcyjny/zapobiegawczy [schroddäk antikonnzäpzijni/sapobbjägaftschi]
verirren, s. ~ zabłąkać się [sabuonkatsch schän], zbłądzić [sbuonjdsitsch]
Verkauf sprzedaż [spschädasch]
Verkehr *(Straßen~)* ruch [ruch]
Verkehrsamt wydział komunikacji [widsiau kommunjikazji]
verlängern przedłużyć [pschäduuschitsch]
verlieren zgubić [sgubitsch] ➢ 100; *(nicht gewinnen)* przegrać [pschägratsch] ➢ 86
verloben, s. ~ zaręczyć się [saräntschitsch schän]
Verlobte, der, die ~ narzeczony *m*, narzeczona *f* [naschätschonni/naschätschonna]
Verlust strata [strata]
vermieten wynająć [winajonjtsch]; *(Auto etc)* wypożyczyć [wiposchitschitsch] ➢ 25, 72
versäumen przegapić [pschägapitsch]; *(unterlassen)* zaniedbać [sanjädbatsch]
verschieben przesunąć [pschässunontsch], przełożyć [pschäuoschitsch]
verschieden różny [ruschni]
verschreiben zapisać [sapissatsch] ➢ 95, 99
Versehen, aus ~ przez nieuwagę [pschäs njäuwagän]
Versicherung ubezpieczenie [ubäspjätschänjä]
verspäten, s. ~ spóźnić się [spusinjitsch schän]
Versprechen obietnica [obbjätnjiza], przyrzeczenie [pschischätschänjä]
verständigen, jdn ~ powiadomić kogoś [powwjadommitsch koggosch]
verstehen zrozumieć [srossumjätsch]
versuchen spróbować [sprubowwatsch]
Vertrag umowa [umowwa]; *(polit.)* traktat [traktat], układ [ukuat]
verunglücken mieć wypadek [mjätsch wipadäk]
verwandt spokrewniony [spockräwnjonni]
verwechseln pomylić [pommilitsch]; *(Mäntel)* zamienić [samjänjitsch]
verzeihen wybaczyć [wibatschitsch]
verzollen opłacić cło [oppuatschitsch zuo]
viel dużo [duscho]
vielleicht może [moschä]
Visum wiza [wisa] ➢ 106
Volk lud [lut], naród [narut]
voll pełny [päuni]
Vollpension utrzymanie całodzienne [utschimanjä zauoddsiännä] ➢ 69, 71
von *(zeitl.; von jdm)* od [ott]; *(räuml.)* z [s]
vor przed [pschät]
Voranmeldung uprzednie zgłoszenie [upschädnjä sguoschänjä] ➢ 73
Voraus, im ~ już przedtem [jusch pschättäm]
vorher przedtem [pschättäm]
vormittags przed południem [pschät pouudnjäm] ➢ 18
Vorname imię [imjän] ➢ 106
Vorort przedmieście [pschädmjäschtschä]
Vorsaison przed sezonem [pschät säsonnäm] ➢ 71
Vorschrift przepis [pschäpis]; *(Anweisung)* instrukcja [instrukzja]
Vorsicht ostrożność *f* [osstroschnoschtsch]
Vorstellung *(Bekanntmachen)* prezentacja [präsäntazja]; *(im Theater)* przedstawienie [pschätstawjänjä]
Vorverkauf przedsprzedaż *f* [pschätspschädasch] ➢ 82
Vorwahlnummer numer kierunkowy [numär kärunkowwi] ➢ 104, 106

W

wach obudzony [obbudsionni]
wählen wybrać [wibratsch] ➢ 106
wahr prawdziwy [prawdsiwi]
wahrscheinlich *(adj)* prawdopodobny [prawdoppoddobbni]; *(adv)* prawdopodobnie [prawdoppoddobbnjä]
Währung waluta [waluta] ➢ 100
Wald las [las] ➢ 79
Wanderkarte mapa turystyczna [mapa turistitschna] ➢ 63
wandern wędrować [wändrowwatsch] ➢ 86
warm ciepły [tschäpui] ➢ 20
warnen (vor) ostrzec (przed) [osstschäz (pschät)]
warten poczekać [pottschäkatsch]
Wartesaal poczekalnia [pottschäkalnja] ➢ 33
Wartezimmer poczekalnia [pottschäkalnja] ➢ 99
was co [zo]
waschen uprać [upratsch]
Wasser woda [wodda]
wechseln zmienić [smjänjitsch]; *(Geld)* wymienić [wimjänjitsch]
wecken obudzić [obbudsitsch]
Weg droga [drogga]

weg precz [prätsch]
wegen z powodu [s powwoddu]
weggehen pójść [pujschtsch]
Wegweiser przewodnik [pschäwoddnjik]
weh tun boleć [bollätsch]
weiblich żeński [schänjski]; *(für Frau charakteristisch)* kobiecy [kobbjäzi]
weich miękki [mjänkki]
weigern, s. ~ odmówić [oddmuwitsch]
weil ponieważ [ponjäwasch], bo [bo]
weinen płakać [puakatsch]
weiß biały [bjaui]
weit *(Weg ...)* daleki [daläki]; *(Gegenteil von eng)* luźny [lusini]
Welt świat [schfjat]
wenig mało [mauo]
wenn jeżeli [jäschäli], jeśli [jäschli]
werden stać się [statsch schän], zostać [sosstatsch]; *(Passiv)* być [bitsch]
Werkstatt warsztat naprawczy [warschtat napraftschi] ➢ 23, 28
werktags w dni powszednie [w dnji poffschädnjä]
Wert wartość *f* [wartoschtsch]
Westen zachód [sachut]
Wetter pogoda [poggodda] ➢ 20
wichtig ważny [waschni]
wie jak [jak]
wieder znowu [snowwu], znów [snuf]
wiederholen powtórzyć [pofftuschitsch]
wiederkommen wrócić [wrutschitsch]
wieder sehen znowu zobaczyć [snowwu sobbatschitsch]
willkommen mile widziany [milä widsiani]
wir my [mi]
Wirt/in gospodarz/gospodyni [gosspoddasch/gosspoddinji]
Woche tydzień [tidsiänj] ➢ 18
wohnen mieszkać [mjäschkatsch]
Wohnort, Wohnsitz miejsce zamieszkania [mjäjszä samjäschkanja] ➢ 106
Wohnung mieszkanie [mjäschkanjä]
wollen chcieć [chtschätsch]
Wort słowo [suowwo]
wünschen życzyć [sitschitsch]
wütend wściekły [fschtschäkui]

Z

Zahl liczba [litschba]
zahlen zapłacić [sapuatschitsch]
Zahlung płatność *f* [puatnoschtsch] ➢ 100
Zahnarzt dentysta [däntista] ➢ 95
zeigen pokazać [pockasatsch]
Zeit czas [tschas] ➢ 16ff.
Zeitschrift czasopismo [tschassoppissmo] ➢ 63
Zeitung gazeta [gasäta] ➢ 63
Zentrum centrum [zäntrum]
zerbrechlich łamliwy [uamliwi]; *(Glas)* łatwo tłukący się [uatfo tuukonzi schän]
zerstören zniszczyć [snjischtschitsch]
Zeuge świadek [schfjadäk]
ziehen ciągnąć [tschongnonjtsch]
Ziel cel [zäl]
Zigarette papieros [papjäross] ➢ 64, 66
Zimmer pokój [pockuj] ➢ 67ff.
Zoll cło [zuo] ➢ 106
zornig wściekły [fschtschäkui]
zu *(Richtung)* do [do]; *(geschlossen)* zamknięty [samknjänti]; *(mit adj)* za [sa]
zufrieden zadowolony [sadowwollonni]
Zug pociąg [pottschong] ➢ 31ff.
zumachen zamknąć [samknonjtsch]
zurück z powrotem [s powwrottäm]
zusammen razem [rasäm]
zuschauen przyjrzeć się [pschijschätsch schän]
Zuschlag dopłata [doppuata] ➢ 33
zuschließen zamknąć [samknonjtsch]
zuständig kompetentny [kommpätäntni]
zu viel za dużo [sa duscho]
zweifeln, an etwas ~ zwątpić w coś [swonntpitsch f zosch]
zwischen między [mjändsii]

Impressum

Unsere Autoren haben nach bestem Wissen recherchiert. Trotzdem schleichen sich manchmal Fehler ein, für die der Verlag keine Haftung übernehmen kann.
Titelbild: Straßenschild (Marek Czarnecki)
Fotos: Distefora Media (93); Fotex/Köhrer-Wagner (3, 67); Gettyone Stone (91); HB-Verlag (1, 2, 5, 21, 35, 51, 77, 83, 87); Ali Mitgutsch „Komm mit ans Wasser" © Ravensburger Buchverlag, Otto Maier GmbH (89); Wolpert & Strehle Fotodesign (13, 41–44, 64–66, 74–76, 90)
3. aktualisierte Auflage 2005 © MairDumont, Ostfildern

1993 und 2000 bearbeitet von Janusz Hoppe und Waldemar Klemm
Redaktion: Ernst Klett Sprachen GmbH, Stuttgart; MairDumont, Ostfildern;
Barbara Pflüger, Stuttgart; Regina Reinboth-Kämpf, Esslingen
Mitarbeit an diesem Werk: Ursula Junger, Hamburg, unter Mitwirkung von Hanna Koschlaga, Hamburg
Gestaltungskonzept: red.sign, Stuttgart
Satz: Fotosatz Kaufmann, Stuttgart
Printed in Germany

Gedruckt auf 100% chlorfrei gebleichtem Papier